LA HERENCIA
DE UN IMPERIO

LA HERENCIA DE UN IMPERIO

Enrique Larroque

Copyright © 2007 by Enrique Larroque.

Library of Congress Control Number:		2007901485
ISBN:	Hardcover	978-1-4257-5792-2
	Softcover	978-1-4257-5789-2

This book was printed in the United States of America.

To order additional copies of this book, contact:
Xlibris Corporation
1-888-795-4274
www.Xlibris.com
Orders@Xlibris.com
36608

CONTENTS

A María Dolores

PARTE I

DESTINO: TEHERÁN

Mehdi Mokhlesi emparentaba estar dormitando en un asiento del avión de Lufthansa que le llevaba a Teherán mientras pensaba con intensidad en los extraños avatares que le habían conducido a aquella misión.

Cuando era un adolescente de 14 años de edad, su padre Mustafa era embajador de la República de Irán en La Habana y le había llevado consigo a muchos sitios, sin que le interesara que el muchacho aprendiera español, por considerarlo inútil para el futuro que le reservaba. En cambio, no importándole en absoluto que se tratara del país que en el suyo llamaban el Gran Satán, se apresuró a matricularle, desde que tomó posesión del puesto, en un gran colegio de Florida, donde aprendió a hablar y dominar el inglés. Su único amigo en La Habana había sido el hijo del embajador de España, con quien se comunicaba en inglés y se veía con gran frecuencia durante sus vacaciones escolares. La mayor parte del tiempo estaban juntos en la residencia del padre de su amigo, mucho mayor y suntuosa que la iraní. Solían ver en la televisión películas casi siempre norteamericanas. Los temas eran muy variados y, como era de suponer por su edad, lo que más entusiasmo suscitaba en los dos eran las películas de acción y de guerra, coincidiendo en su menosprecio hacia las comedias amorosas.

Un día vieron una película célebre por la cantidad de premios "Oscar" que había ganado. Era "Ben Hur", que provocó una discusión aparentemente acalorada cuando comentaron las escenas en que el héroe encontraba a Jesús, que le había dado agua cuando le llevaban a galeras y que había visto conducido al monte del Calvario y crucificado mientras perdonaba a sus verdugos.

-Extraño es ese hombre a quién glorificáis los cristianos—comentó Mehdi. Demasiado blando y generoso. Por el contrario, nosotros tenemos como ejemplo a Muhammad, que fue un gran guerrero y fundó un imperio que se extendió desde mi país hasta el tuyo. Y bien sabes la facilidad con que lo conquistamos. En Al-Andalus nos quedamos ocho siglos.

-Es verdad lo que dices, y nos costó ocho siglos echaros al mar y perseguiros por todo el Mediterráneo luego, hasta que participamos activamente en la contención y el principio de la decadencia de todo el mundo Islamico. Para todo nos hemos apoyado en una religión que defiende el perdón y el amor al semejante. Lo hemos creído a través de las victorias y las derrotas. Ahora, al cabo de tanto tiempo, pregúntate si es más fuerte el Occidente cristiano que representa la cumbre del progreso, o el Islam que no hace sino hablar de odio y de venganza. Me quedo con Ben-Hur y con la doctrina de su Dios, en lugar de los que crees más batalladores, pero han sido los perdedores y continúan siendo los vencidos—terminó el joven español, mientras Mehdi se quedaba callado mirando el televisor y confiando que su silencio no fuera interpretado como una aquiescencia a lo que su amigo había dicho.

Pero la verdad es que aquella conversación se le quedó grabada en la mente y le siguió persiguiendo mientras continuaba sus estudios en Estados Unidos. En Florida, sin comentarlo con nadie compró una Biblia y una biografía de Jesús. La lectura de los Nuevos Evangelios le hizo apartar la del Corán y los demás libros sagrados del Islam, que ahora veía con ojos distintos. Al fin fue al encuentro del capellán del colegio, el jesuita Joseph McLellan, que le adoctrinó intensamente, llevándole al punto de convertirse al catolicismo y bautizarse, adoptando el nombre corriente de John, con el apellido de sus antepasados, de los que estaba orgulloso, y cuyo culto, así como el de la historia de su pueblo, le enseñó el P. McLellan que no debía olvidar.

Todavía era embajador su padre, aunque en otro puesto, cuando John ingresó en la Universidad de Harvard y empezó a estudiar Derecho Internacional. Casi sucesivamente, cuando estaba a punto de acabar la carrera tuvo dos visitas que cambiaron su vida. La primera fue la de su hermano mayor, que le comunicó el fallecimiento de su padre, víctima de un ataque al corazón, poniéndose de acuerdo con él para el reparto de la herencia de los bienes de su padre, mucho más cuantiosos de lo que jamás había imaginado, aunque conocía su pertenencia a una familia de alto abolengo en Persia, que había conservado la propiedad de sus latifundios a pesar de las confiscaciones practicadas desde el principio de la era de Jomeini, poniéndose hábilmente al servicio de los nuevos poderes. A ello se debía la cuantía de los fondos en la cuenta corriente que siempre había respaldado a Medí, permitiéndole vivir a la altura de sus compañeros universitarios ricos.

La otra visita fue la que verdaderamente determinó su futuro. Un hombre alto, musculoso, en la treintena de edad, le invitó a comer en un restaurante, diciéndole que era funcionario del Gobierno y tenía interés en mantener una conversación importante. Cuando se sentaron a la mesa, el hombre, cuyo nombre dijo ser Richard Harris, fue directamente al grano.

-Desde hace tiempo estamos siguiendo con mucha atención sus avances. En primer lugar, habla el idioma farsi como cualquier iraní culto. En segundo lugar, posee convicciones cristianas sólidas y desde luego dista de ser un practicante de los ritos coránicos, pese a que está al corriente de la religión mayoritaria en su país. Como cualquier norteamericano, no tiene inconveniente en tomar un buen whisky, como el que estamos tomando ahora, sabiendo controlarse para no caer en la adicción al alcohol que amenaza a tantos compañeros suyos. Así no le será difícil prescindir de él cuanto tiempo sea necesario. Por lo demás, no nos preocupa saber cuáles son sus tendencias sexuales, aún conociendo un par de aventuras que ha corrido con chicos más jóvenes, pero también nos consta que ese tipo de experiencias no le han marcado. En todo conoce a fondo el modo de controlarse y no dejarse dominar por nadie, sin que nos importe que Vd aproveche la oportunidad de dominar a otra persona de cualquier sexo que se le acerque y pueda serle útil. En fin, se diría que es Vd un hombre fuerte y muy adecuado para la misión que querríamos proponerle. ¿Qué opina sobre lo que le digo?.

-En realidad, me sorprende mucho lo que acabo de oír, ya que no tenía la menor idea de que me estaban vigilando.

-La palabra oportuna no es vigilancia, sino estudio. Lo hacemos cada vez que encontramos a alguien muy valioso potencialmente para prestar servicios a la patria.

-¡Pero es que mi patria no es Estados Unidos¡

-Sin duda alguna es Irán y, aunque tiene Vd años de sobra para obtener la ciudadanía norteamericana por sus años de residencia, preferimos ahora que conserve la nacionalidad y el pasaporte iraní. Queremos que vaya a Irán y se establezca allí permanentemente hasta que decida dejarlo y regresar a América, donde le recibiremos con los brazos abiertos.

-Entonces, ¿qué es lo que quieren que haga, Sr. Harris?.

-Muy sencillo, John—aunque desde ahora será únicamente Mehdi para todos. Queremos que se inserte a fondo en su país, observe a fondo lo que vaya sucediendo en él y nos informe con regularidad, a través de la embajada británica en Teherán. Por cierto, ¿sabe que llamamos primos a nuestros colegas del Ml6?. A esa embajada deberá ir lo más pronto posible para establecer el contacto inicial, pero después sólo irá informando con el procedimiento que acuerden. Durante una larga temporada nada tendrá que hacer, salvo implantarse en el país, tener un trabajo como punto de observación estable y esperar a que ocurran cosas que valorará como interesantes para Estados Unidos. Por supuesto, es esencial para todos que no se considere Vd un traidor a su patria, sino un amigo nuestro capaz de ser objetivo en sus apreciaciones. Por favor, estudie a fondo la fascinante historia de Persia, que le enseñará a valorar el presente. Ahora le doy dos días para pensarlo y mi tarjeta con el número de teléfono para que me llame y me diga si acepta la misión informativa que le encomendamos. En el caso de que su respuesta sea positiva, tendrá que pasar un curso de entrenamiento en comunicaciones, manejo de algunos "gadgets" muy útiles y criptografía. A continuación, cuando termine la carrera en Harvard le entregaremos un billete de avión para Teherán y una cantidad para sus gastos en la capital durante varios meses, que iremos incrementando tanto para su vida normal como para los extras. Es Vd rico, pero no podemos permitir que pierda una parte de la herencia de su padre. Y no lo tome a mal, porque en realidad no figurará en una nómina normal. Digamos, por emplear un eufemismo, que está en una buena relación, secreta desde luego, con la CIA.

A los dos días llamó para aceptar la invitación y no tardó en iniciar el curso de entrenamiento, mucho más intenso e interesante de lo que había supuesto. Mientras, estudiaba a fondo la historia de Persia, sin extrañarle que acabara con éxito la carrera de Derecho Internacional, que había seguido hasta entonces brillantemente.

Antes de abordar el avión que le conduciría a Teherán, llamó por teléfono a su hermano, Náser ad-Din, anunciando el fin de la carrera y su inminente viaje a Teherán. Aplazó alojarse en su casa, como le ofrecía, ya que quería pasar dos semanas solo en el hotel Laleh Internacional para hacer unas gestiones con antiguos amigos de la Universidad que habían regresado a Irán. A Náser pareció no extrañarle, imaginando que su hermano quería tener a solas su primer reencuentro con su patria después de salir de ella cuando era un niño.

De todos modos, Náser fue al aeropuerto para recogerle y llevarle en su coche al hotel. El aeropuerto estaba atestado en la terminal de llegadas por una multitud que se apiñaba sin rumbo ni concierto hasta que acabó alineándose en largas colas hacia las ventanillas de los pasaportes. Mehdi miró con curiosidad a la multitud. ¡Allí estaba su pueblo¡ quiso decirse pero sin convicción. En la ventanilla, el policía examinó con cuidado su pasaporte y le preguntó en farsi cuánto tiempo pensaba estar en Irán.

-No lo sé—dijo Medí—ya que en principio vengo para quedarme indefinidamente. Me alojaré primero en el Laleh y después en casa de unos familiares iraníes. Ya lo aclararé cuando esté instalado.

-Deberá hacerlo, porque las estancias de más de quince días sólo se conceden con un permiso especial del Ministerio del Interior.

Sellado el pasaporte, pasó a recoger su equipaje, cuya recogida le resultó dificilísima, ya que las maletas de dos vuelos estaban apiladas en desorden. Finalmente, las encontró y se encaminó a la sala de llegadas, donde se encontraba esperándole Náser. Se abrazaron, y un maletero que estaba junto a Naser se encargó de llevar las maletas al coche, emprendiendo la marcha inmediatamente. Durante el camino, llevados de la excitación hablaron de forma entrecortada. No obstante, antes de llegar al hotel Naser tuvo tiempo de darle la dirección de su casa, donde le esperaría con su mujer, a quien no conocía Mehdi, en cuanto pudiera ir.

El vestíbulo del Laleh Hotel era inmenso, y en la pared del fondo, frente a la puerta de entrada habían pintado con enormes letras "¡Abajo los Estados Unidos¡".

-Veo que aquí no parecen querer mucho a los americanos—dijo Mehdi a su hermano. Voy a tener que ocultar que he vivido y estudiado muchos años en Estados Unidos, si no quiero echar una mancha al honor familiar.

-Bueno, no hay que tomar demasiado en serio eso—le contestó Náser, aunque vas a contemplar por doquier el "Down with the United Status" y en la televisión no pararás de escuchar discursos incendiarios contra el Gran Satán, como aquí llamamos a Estados Unidos. Déjame advertirte que ni en público ni en privado es conveniente que manifiestes simpatía alguna sobre el país de dónde vienes. Es un tema tabú y sería peligrosísimo no seguir mi consejo, ni siquiera con personas que creas dignas de confianza. Ni ahora ni nunca, hermano. Esto no es Occidente y las reglas del juego son muy distintas. Afortunadamente, Náarat pertenece a nuestra clase social y por su cultura podrás encontrar en ella una amiga con quien puedes hablar tranquilamente.

Una vez que se despidieron, Mehdi subió a su cuarto, que era muy espacioso y, en cuanto llegó un maletero con su equipaje, se dedicó a poner en orden todo lo que llevaba. Estaba muy cansado por el viaje y llamó al servicio de habitaciones para que le llevaran la cena. Entonces tuvo la grata sorpresa de comprobar que le servían caviar en tal abundancia que podía comerlo a cucharadas y extendiéndolo sobre tostadas de pan moreno. Luego se enteraría de que en aquel hotel de cinco estrellas, sito en el centro de la capital, servían el caviar en todas las comidas y en raciones que bastaban para saciar a cualquier gourmet, lo que no era precisamente Mehdi, más acostumbrado a la comida rápida y nada refinada de Estados Unidos. He ahí, pues, la primera ventaja del cambio de situación, que por cierto no le disgustaba Pensó con acierto que su país de nacimiento tenía una inocultable capa de refinamiento que se exteriorizaba en muchos aspectos. Había estudiado mucho en aquellos meses la historia de Persia, que en efecto era tan fascinante como había dicho Harris. Lo que le parecía inexplicable era cómo la cuna de los sasánidas, de Ciro el Grande y de tantos heroicos personajes que habían poblado le historia persa podía albergar ahora una dinastía de clérigos fanáticos cuya ambición era tan grande como su crueldad.

Desde el ventanal de su cuarto, antes de acostarse divisó el espectáculo de la bulliciosa avenida Fatemi y al fondo la vista impresionante del monte Elburz, que parecía inclinarse amenazadoramente sobre la capital.

En cuanto despertó y se arregló rápidamente, bajó en el ascensor al piso en que se encontraba el comedor no sin antes recoger en el vestíbulo un plano detallado de la ciudad. Durante el desayuno estuvo estudiando el plano y después, en la puerta del hotel pidió que le llamaran a un taxi, para que le condujera al lugar de la tumba del imán Jomeini. Consciente de que, siendo un viajero procedente de Estados Unidos, sería seguido de cerca o de lejos, su primer movimiento en el país debía de ser, como buen musulmán, rendir homenaje al hombre que había fundado el Irán contemporáneo tras crear la República Islamica. Los gestos simbólicos eran muy importantes en todas las situaciones y, desde luego, en la suya cobraban especial valor para sus "ángeles" custodios.

El coche le condujo a un lugar más distante de lo que suponía, lejos de la ciudad, y en la llanura destacaba la grandiosa mezquita elevada en torno a la tumba de Jomeini, con su gran cúpula recubierta de láminas de oro. Todo el mausoleo era de mármol, cumpliéndose así el gusto secular persa por el lujo y la ostentación. Se abrió pasó entre los grupos de peregrinos que ya estaban ante la gran puerta central, se descalzó, hizo las abluciones preceptivas y penetró en el vasto recinto, desnudo de todo ornamento aunque cubierto todo el pavimento por ricas alfombras típicas de la tradición iraní. Hizo las tres genuflexiones tocando el suelo con la frente y se sentó dando la apariencia de que estaba musitando oraciones coránicas, aunque en realidad contemplaba con curiosidad a las familias que habían acudido y estaban en grupos comiendo y descansando.

Al cabo de una hora de meditación en que estuvo pensando sobre la dureza de la misión que le había llevado, se levantó para salir del mausoleo y tomar el taxi para el regreso. Dijo al chófer que le condujera al sector norte de Teherán, sabiendo que allí se encontraban las principales embajadas. Cuando, circulando sin rumbo aparente, vio la embajada británica, pasados unos trescientos metros ordenó al chófer que parara, ya que pensaba dar un paseo a pie y, al verle desaparecer, se encaminó al edificio lentamente. Ante la puerta de entrada, un soldado británico armado le pidió la documentación, sacó el pasaporte iraní pero le dijo que le esperaba el consejero político y, ya en inglés, advirtió que tenía mucha prisa para no llegar tarde a la cita. El soldado le condujo a un ordenanza, éste a una secretaria y, a los pocos minutos, apareció un hombre impecablemente trajeado que le estrechó la mano y le invitó a pasar a su despacho.

La verdad es que no esperábamos verle tan pronto—le dijo cuando Medí le aclaró que acababa de llegar a Teherán y venía por encargo de Harris en Washington. Vamos a tener ahora una pequeña reunión para cambiar impresiones. Si le parece bien, mientras hablamos tomaremos unos bocadillos y un poco de vino.

En definitiva pasaron el resto de la mañana y buena parte de la tarde juntos, con otros dos diplomáticos que le presentaron como agregado cultural y primer secretario. Uno de ellos, que dijo llamarse Wilson asumió la tarea de ponerse en contacto con Mehdi cuando quisiera informarle de algo.

Creo que tardaré bastante en hacerlo. Dentro de unos pocos días iré a alojarme en casa de mi hermano y allí veremos si me puede encontrar una plaza como traductor e intérprete en algún Ministerio, preferiblemente el de Petróleo. Entonces tendré que ganarme la confianza de la gente con quien trate, porque necesito infiltrarme lo mejor posible en el país. Hoy por hoy, no sé de qué modo podré ser útil, pero dependerá fundamentalmente de mi suerte en escalar posiciones.

Será muy difícil—dijo Wilson. Llevo más de cinco años en Teherán, desde casi la llegada al poder de Jomeini, y he comprobado que aquí está la sociedad más secretista y cerrada del mundo. Nada puede superarla en virulencia y vigilancia por doquier. Cualquier paso que dé será controlado y registrado. Llevarán una ficha de Vd desde su llegada al aeropuerto. Sea, pues, astuto como una serpiente. Por lo pronto, vamos a darle un arma hoy, a fin de que se defienda en un caso de apuro, si puede; y memorice mi número de teléfono directo, para llamar y contactar cuando quiera. Yo haré de intermediario entre Vd y Harris, a quien ya le advertiré de su llegada y estancia en el Laleh, así como de la dirección de la casa de su hermano, si tiene le amabilidad de darme.

A continuación estuvieron informándole sobre la situación política de entonces en Irán. Al frente del Gobierno se encontraba un político considerado reformista, Jatamí, quien facilitaba unas relaciones amistosas con buena parte de la comunidad internacional. Pero a nadie se le escapaba que el auténtico jefe del Gobierno y del Estado era el heredero de Jomeini, Ali Jamenei, rodeado de los Guardianes de la Revolución, los temidos pashdaran, cuya fuerza militar era superior a la del Ejército regular. Los puestos clave del Gobierno en realidad estaban decididos por Jamenei, y la mayoría del Parlamento, el Majlis, estaba superficialmente dominada por Jatami pero su poder era nulo frente a los ayatollahs que mandaba Jamenei.

Lo que en un país democrático occidental se llamaban poder ejecutivo y legislativo, en Irán estaban monopolizados por un solo hombre; y la justicia también se encontraba sometida a la misma dictadura, no existiendo juez que en la práctica pudiera desobedecer una orden que le transmitiera un simple Guardián. De allí no se podía escapar como no fuera atravesando las montañas que separaban a Irán de Rusia.

Terminada la reunión que tuvo con los diplomáticos británicos, éstos le ofrecieron un coche de la embajada que le acercó al hotel, dejándole en una calle trasera, paralela a la avenida Fatemi. Así regresó cuando estaba anocheciendo y se retiró después de otro espléndido banquete de caviar. Había comprado unos libros y entró en la habitación con la intención de leer un buen rato antes de dormirse.

Sin embargo, llevaría menos de media hora solo cuando oyó una llamada discreta en la puerta. Abrió y se encontró con un joven camarero.

-Me llamo Násir, he visto que es Vd muy joven, aunque mayor que yo, y quisiera saber si puedo servirle en algo.—le dijo con una amplia sonrisa, que mostraba unos dientes blanquísimos, mientras entraba dejando la puerta cerrada tras de sí.

-Bueno, iba a leer un rato, pero no me importa conocer a alguien como tú. ¿Cuántos años tienes?.

-Sólo 16, que dicen es la mejor edad para tener las primeras experiencias de amor. Puedo ser un buen compañero tuyo para enseñarte Teherán, y mi trabajo te costará muy poco dinero.

Sin más, se desprendió rápidamente de su ropa y se tendió sobre la cama con medio cuerpo desnudo, invitándole con los brazos tendidos.

Mehdi le contempló con la boca seca. Admiraba el bello cuerpo que se le ofrecía tan fácilmente, pero se rehizo con rapidez.

-Te agradezco que quieras ser mi amigo total, pero no me gustan los muchachos de ese modo. No comprendo que puedas pasar tus horas de trabajo metiéndote en las camas de los huéspedes del hotel. Sin embargo, aunque te vayas ahora mismo, acepto tu ayuda como acompañante en Teherán y te pagaré bien, empezando mañana por la mañana.

Násir se levantó trabajosamente, decepcionado, se vistió y se sentó en una butaca.

-Mira, el hotel es muy flexible y no le disgusta que sus empleados hagamos el amor con un huésped, si es joven, extranjero y parece rico. Claro es que debemos informarles de lo que hagamos, ¿no te parece mal?—le preguntó ingenuamente. Ya veo que contigo no puede haber ese negocio, pero lo compensaremos a espaldas de mis jefes acompañándote desde mañana, cuando termine mi jornada de noche a las 9 de la mañana. ¿Te parece bien que nos encontremos a espaldas del hotel a las 11? Tendremos tiempo de ir a algún sitio y comer juntos, para conocernos mejor y planear lo que prefieras hacer. En cuanto a mi dinero, confío en tu generosidad. Espero que te portes como un turista rumboso. No olvides que he tratado ya con otros que, por cierto, no me rechazaron como tú. Eres bastante raro.

Una vez que se fue, Mehdi se acostó al fin para dormir, aunque tuvo sueños tormentosos, con extrañas figuras rondándole, sin duda por el esfuerzo que había hecho no aceptando revivir una noche de amor como la que había tenido una vez hacía años. Pensó que hubiera sido indigno aprovecharse de aquella oportunidad, burlándose de la seriedad del mandato recibido para ir a Irán. Estaba en misión de servicio y eso no debía olvidarlo nunca. Fugazmente recordó que Harris había encomiado su capacidad de autocontrol, y estaba dispuesto a no defraudarlo en ninguna circunstancia.

Puntualmente a las 11, después de desayunar y estudiar el plano de Teherán en la zona sur, fue al lugar de la cita, viendo que el chico le esperaba y acudía corriendo hacia él. Sin duda, temía que se hubiera enfadado y había decidido no tener más tratos, y ahora comprobaba con alivio que estaba equivocado.

-¿Dónde quieres que vayamos?.

-He pensado que me gustaría conocer la parte pobre de la capital, que creo está en la zona sur, aunque recorriendo antes el bazar del barrio viejo. Toma un taxi y luego iremos a pie desde el principio del bazar.

Násir era despierto y veloz como un zorro. Sin pérdida de tiempo detuvo a un taxi, cuyo conductor se detuvo sobre todo al ver el aspecto de su acompañante, y le pidió que les llevara al bazar. Por el camino, Násir explicaba a Mehdi las calles por las que pasaban, los canales a cielo abierto o bujs que constituyen uno de los elementos destacados del paisaje de Teherán y en general el sistema de abastecimiento de agua, con una red de canalizaciones subterráneas paralelas a la red de los bujs, logrando que la capital estuviera perfectamente abastecida de agua, no obstante la gigantesca expansión que había tenido lugar.

-Eso ya lo sabía, Násir. En 1922 teniais 220.000 habitantes, ahora pasáis de seis millones y medio, y no me extrañaría que pasen pocos años antes de llegar a los diez millones. Es un país grande y poderoso el nuestro.

-¡Y tanto¡—exclamó con entusiasmo el chico. Quizá tiene razón mi hermano al decir que vamos a ser uno de los países más fuertes del mundo.

-No sé si tanto, pero desde luego es uno de los países más antiguos de la Tierra. Recordemos que no hace mucho, en tiempos del último Sha, celebramos el 2.500 aniversario de nuestra fundación. Y si nos remontamos a la religión, resulta que es mucho más tiempo el transcurrido desde que empezamos a influir en los demás.

Bajaron del taxi y se dispusieron a recorrer el enorme bazar, que estaba lleno de una multitud que se apretujaba en torno a las filas inacabables de puestos y tiendas de toda clase. Viandas, frutos secos, sedas, alfombras, plata repujada, se ofrecían junto a mil cosas más. Mehdi lo contemplaba todo, dejándose llevar por el ruido de las voces y gritos, por la vitalidad que emanaba de su entorno humano. Antes de llegar a la salida vio un restaurante de cocina china.

Recordó el restaurante chino al que había ido con frecuencia acompañado de los compañeros de su universidad americana y pensó que sería agradable ver aquello con su joven amigo, el promiscuo iraní. Entonces, le tomó una mano y le arrastró al restaurante, donde les atendió un solícito camarero chino.

-No te importará que te sirva un colega tuyo de otra raza. Seguro que habla farsi, pero no te atrevas a pedirle un plato que no conoces. Más vale que nos dejemos guiar por él, que conocerá las especialidades de la casa.

Después de un cambio de impresiones con el camarero pidió un pato asado, rollitos primavera, gambas agridulce y arroz. La lucha al utilizar los palillos que les ofrecieron resultó divertida, porque Mehdi tenía alguna práctica, pero no así Násir, y se rió viendo sus inútiles esfuerzos, teniendo que ayudarle a tomar cada bocado. No podían tomar ningún alcohol, pero se conformaron con un zumo de naranja. Al terminar, se miraron sonriendo, dispuestos a charlar, mientras Násir le ponía una mano en su brazo derecho, apretándolo cariñosamente.

-Eres un buen amigo y voy a quererte mucho, aunque no me dejes demostrártelo como yo quisiera. ¿Porque no querrás?. Eres bien tonto, ya que nadie se enteraría.

-¿Ni tus jefes, Násir?.

-No, ni mis jefes, te lo juro por Allah.

-Bueno, cambiemos de tema, porque ya sabes que eso va contra mi modo de ser. En cambio, me interesa mucho conocer tu vida y hasta tu familia.

-Será para mí muy fácil presentarte a mi familia, porque vivo solo con mi hermano mayor, del que estoy muy orgulloso. Yo no tuve dinero para estudiar y he tenido que conformarme con este trabajo humilde, pero mi hermano Shirin consiguió una beca y, siempre por sus buenas calificaciones, ha ido subiendo de categoría. Supongo que pronto saldrá de Teherán para ocupar un puesto importante. Si quieres vamos a mi piso ahora y te lo presento, a ver si tengo suerte y le encontramos. Estoy seguro de que le gustará conocerte.

Poco después se encontraban ante la puerta de una casa de pisos de un barrio pobre. Llamaron a la puerta de una vivienda en la segunda planta, y les abrió un hombre joven, de unos 25 años de edad, alto y robusto. Tenía puestos los pantalones de un uniforme, pero encima se había puesto una camisa y un jersey de rayas.

Al presentarles Násir, miró a Mehdi con suspicacia.

-Así que es Vd americano. No creía que un hermano mío iba a tener amigos de esa nacionalidad. Sois los peores enemigos del Islam.

-Se equivoca—dijo Mehdi en su impecable farsi. Nací en Teherán mismo, soy hijo de un diplomático iraní que ha fallecido hace unos años, y he estudiado en una universidad americana, la de Harvard. Por eso hablo inglés al igual que el farsi, y desde luego conozco Estados Unidos mejor que Irán, ya que he llegado hace unos pocos días, pero no como turista, sino para buscar un empleo y vivir permanentemente en mi patria. ¿Está claro, y puede dejar de considerarme un enemigo?.

Shirin se echó a reir a carcajadas.

-No es mala broma la de mi hermanito—dijo revolviendo el pelo de Násir con una mano. Bienvenido sea. Los amigos de mi hermano son mis amigos, naturalmente. Ahora voy a ofrecerle un té y podremos charlar sin prisas. Tengo tiempo de sobra esta tarde porque, como le pasa a Násir con frecuencia, hoy me toca el turno de trabajo nocturno.

Una vez tomado el té en unas tazas de porcelana barata, y se sentaron cómodamente, Shirin se explayó.

-El pantalón que ves—dijo tuteándole ya—es parte de mi uniforme como pasdarán o Guardián de la Revolución. Nosotros somos los encargados de vigilar a todos cuantos pueden traicionar o desviar la Revolución al mando del guía espiritual Ali Jamenei, que es el único que manda en Irán desde la muerte del imán Jomeini, a quien Allah misericordioso bendiga. Tenemos armas de sobra para derrotar a todos los que se opongan a la marcha adelante de la República Islámica. Atrás quedan definitivamente los tiempos en que nos gobernaba un Shah al servicio de los occidentales y se apoderaba de las riquezas del país entero—añadió con énfasis, largando un discurso que indudablemente se conocía al dedillo. Y tú, ¿cuáles son tus proyectos y qué es lo que más te interesa de la historia de nuestro gran Irán?.

-Déjame pensar un poco la respuesta, porque es difícil poner en orden mis ideas. En primer lugar, voy a alojarme en casa de un hermano mío casado hasta que consiga mi primer empleo. Quisiera entrar al servicio del Estado, en algún Ministerio, por ejemplo el de Petróleo, aunque no tengo una preferencia definida. Creo que va a depender de quién desee mis servicios como dominador del inglés, pero no te oculto que busco un puesto bien pagado, quizá porque mi padre fue embajador y estoy acostumbrado a las cosas buenas, aún cuando yo personalmente detesto el lujo y me adapto fácilmente a cualquier cosa. No es dinero lo que busco para mí sino el suficiente para poder casarme y mantener una familia. En fin, un objetivo bastante modesto, que en Occidente llamarían propio de un burgués.

-Por otra parte—siguió—del mismo modo que en materia de trabajo estoy a la expectativa de lo que surja, te confieso que siento una cierta vergüenza al dudar en decirte lo que más me gustaría conocer de la historia de nuestro país. Si quieres te lo digo.

-No dudes en hacerlo—interrumpió Shirin. He estudiado bastante y aguardo con curiosidad saber lo que más te interesa en una historia de tantos siglos.

-Pues nada más ni nada menos que la figura de Zaratustra, su doctrina y su legado.

Inesperadamente Shirin se puso en pie, excitado.

-¡Llevaba años esperando encontrar a una persona con quien pudiera hablar de todo eso, y al fin la he encontrado en ti¡. Te consideraré desde hoy como un hermano. Ahora, prefiero que charlemos un corto rato de cualquier cosa y luego Násir te acompañará al hotel. Si te parece bien, mañana nos encontraremos aquí de nuevo, para entrar a fondo en la materia que nos interesa.

Efectivamente estuvieron entretenidos charlando sobre la creciente fuerza de Irán en el mundo como cabeza de los chiíes y como una de las principales potencias petrolíferas. Inesperadamente se le escapó a Shirin musitar "y potencia nuclear también", pero volvió al tema de la preparación militar iraní y al papel que los Guardianes de la Revolución estaban desempeñando a las órdenes de Ali Jamenei. Sin duda, era un fanático, según la impresión que causó en Mehdi. Pero ¿qué clase de fanático?. De golpe se había conmocionado ante la mención de un nombre como el de Zaratustra, que en definitivas cuentas era un hombre de religión perteneciente a un pasado milenario y sin conexión alguna con el Islam del que Irán era el instrumento actual más importante.

Estuvo dándole vueltas a la cabeza con aquella experiencia extraña, decidiendo ahondar en ella cuando volviera a casa de Shirini el día siguiente. Así, cuando se vio con Násir antes de ir al encuentro de Shirini para almorzar todos juntos, no le pareció mal la observación de que su hermano accedía a comer con los dos en un restaurante cercano, pero prefería volver a su casa después, para charlar con calma.

-Puedo decirte que nunca le he visto impresionarse con un extraño tanto como contigo—le dijo Násir. Quizá es porque siempre resulta muy reservado en familia y jamás admite conmigo una conversación que trate de asuntos religiosos. Como de asuntos históricos ¡jamás¡.

-Puede ser que no sea una cuestión tan secundaria como a ti y a mí nos parece. A lo mejor esta tarde se explica y nos descubre un misterio.

Sin duda, mientras estuvieron en el restaurante, con la típica comida iraní, nada nuevo salió a relucir. Sin embargo, el jóven Guardián de la Revolución distaba de ser una persona dicharachera, y se limitó a cortas observaciones sobre los platos que les sirvieron, eludiendo con impaciencia los intentos de enredarle en una charla. Al acabar, rechazando el café les pidió que subieran al piso sin más pérdida de tiempo.

En cuanto se sentaron en torno al té que él mismo había preparado, tomó la palabra.

-Mehdi, ignoro si eres un hombre de cultura superficial o si sabes algo de Zaratustra.

-Para ser sincero, sé muy poco. Podría recomendarte una de las obras más importantes de la filosofía occidental de fines del siglo XIX, que es "Así hablaba Zaratustra", libro de un hombre genial, el alemán Nietzsche, que por cierto pasó los diez años últimos de su vida recluído en un asilo, ya que estaba sumido en las tinieblas de la locura. Además, me gustaría encontrar y regalarte una sinfonía maravillosa, compuesta por otro occidental, Strauss, que sirvió de introducción a una gran película, "Odisea del espacio 2001", que es la mejor obra del cine americano, concretamente de Stanley Kubrik, sobre los viajes espaciales novelados. Aparte de ello, casi nada puedo añadir, salvo algún remoto recuerdo de cosas estudiadas hace muchos años sobre religiones antiguas.

-¡Y tan antiguas¡. Para la mayoría de la Humanidad se ha extinguido todo vestigio de la obra del gran profeta religioso que fue Zaratustra. Y, sin embargo, te diré que quedan unos cuantos miles de discípulos suyos en Irán, además de unos 200.000 en la zona cercana a Bombay, en la India.

De repente, Mehdi tuvo una revelación. Shirin lo percibió y, con un rugido, se abalanzó sobre él, le derribó y, empuñando una daga que llevaba oculta en la ropa puso la punta en la piel del cuello. Mehdi le miró con ojos casi desorbitados y con un esfuerzo, valiéndose de su conocimiento de artes marciales, le volteó. Luego, corrió hacia la puerta del cuarto, que le abría Násir en ayuda suya, pero su atacante iba a alcanzarle y le hizo frente. Entonces, en la penumbra que se formaba por la débil claridad que entraba, libraron una lucha terrible, en la que derribaron los pocos muebles del recinto. Al fin, Mehdi venció y, apoderándose de la misma daga, la tiró pero cogió el cuello e hizo ademán de partírselo.

-Voy a matarte si no prometes calmarte y hablar como un hombre sensato. ¿Es ésta la hospitalidad propia de nuestro pueblo?.

Le soltó, Shirin se incorporó al cabo de un rato y por último tomó asiento. Se le veía avergonzado y dispuesto a dar una explicación.

-Lo acabo de decidir, poniéndome en tus manos, porque si cuentas a alguien lo que te digo soy hombre muerto. En Irán no hay sitio para que un hombre como yo pueda moverse libremente, y un Guardián de la Revolución sería condenado como reo de alta traición.Mira, soy un guébra; es decir, un discípulo de Zaratustra, cuya religión honro como la auténtica, no la del Islam, en la que no soy creyente. Confío que tú no seas un musulmán radical, ya que has estudiado mucho y parece improbable que seas un fundamentalista.

-No soy, en efecto, nada radical, ya que el fundamentalismo va contra mi naturaleza y lo considero impropio se nuestro tiempo, cualquiera que sea la religión que tengamos. Y conste que no has reaccionado conmigo de forma muy templada que digamos. ¡Caramba, si fueras un fundamentalista¡ añadió con ironía. Bueno, cuéntanos algo, ya que parece muy anómalo que conserve vigencia una religión que dices ser muy antigua.

-Tan antigua, Mehdi, que Zaratustra fue un profeta reformador de ella, nació unos 700 años antes de Cristo, era hijo de un sacerdote que vivía en el llamado país de los dioses, se retiró a meditar cuando tenía 20 años en un lugar solitario. Conducido por "La buena sabiduría" o Yahu-Manah hasta Ahura-Mazda, el Creador, se convirtió en el profeta del mazdeismo reformista. A los 42 años, Ahura-Mazda le ordenó ponerse al servicio de un oscuro soberano, Vashtapa, de un reino sito en el este de Irán. En el Yasma se le ve como el protector activo de la nueva revelación divina. Durante una invasión del reino por los turanios, un soldado enemigo entró en el templo donde el profeta estaba celebrando su liturgia y le mató, cuando tenía 77 años. Tuvo tres esposas en vida y de los descendientes de una de ellas la tradición parsi espera el saoshyyaot, esto es, el salvador que vendrá al cabo de tres milenios para la victoria final de la justicia encarnada por Ahura-Mazda. Y yo creo en ese salvador, luego no me decepcionaría que, coincidiendo nuestra época con el término del plazo dado, quizá seamos los afortunados por el regreso del Salvador.

-No quiero desanimarte, Mehdi, pero los cristianos, después de la muerte y crucifixión de Jesucristo, creyeron en una pronta vuelta de él para juzgar a vivos y muertos, e incluso un libro profético, el Apocalipsis o libro de la Revelación, daba mil detalles plásticos sobre lo que debía transcurrir en el transcurso de los tiempos, sin que nada se haya cumplido hasta ahora. Bien es verdad que los occidentales tienen la costumbre de llamar a todo cataclismo un suceso apocalíptico, y no son pocos los que anuncian el fin de los tiempos, pero todo ello dista de convertirse en hechos.

-A lo mejor ocurre algo igual con nosotros, los pobres discípulos guébras. Además, ten en cuenta que hay diversas versiones sobre el tiempo en que nació Zaratustra. Ya te he dicho que le versión más difundida es que vino hace unos 700 años antes de Cristo, otros lo remontan a 300 años antes de Alejandro Magno, que viene a ser más o menos parecido, pero en general se admite más la tesis de que es una leyenda inmemorial, perdida en tiempos remotos que pudieran ser los del principio de la Humanidad. En último extremo, cuanto contiene el mazdeísmo de contraposición entre el bien y el mal, entre el Ser Supremo y el Demonio, es compartido por todas las culturas y, con variantes, por todas las religiones. Pero ¡cualquiera lo dice a mis compatriotas Islamicos¡. Tal como está enrarecido el ambiente político y social todos tenemos la impresión de que nos encontramos constantemente en peligro de perder la vida violentamente, si pasamos la delgada línea roja de las prohibiciones que imponen los gobernantes.

-Tienes mucha razón, pero ya que somos los tres unas personas razonables—y tu hermano también lo es dijo, observando la mirada de gratitud de Násir—te agradecería que nos instruyeras un poco en la doctrina de Zaratustra.

-Los sabios reconocen el carácter original del movimiento religioso que condujo al mazdeísmo ortodoxo. El nombre de Ahura-Mazda (Ormuzd) es origen del mazdeismo, zoroastrismo viene del nombre del fundador y magismo es el nombre debido a los ministros del culto o guardianes de la fe; y parsismo da el nombre a los parsis, o fieles que profesan la religión de Zaratustra.

-El canon iraní se concluyó durante el reinado de Sapor I (242_271 d.C). y a partir del reinado de Sapor II (310-379) se convirtió en el libro sagrado, similar a vuestra Biblia, de la religión de los persas. El auténtico libro zoroástrico, el "Avesta", comprende varias partes. La primera es la Vendidad, de 20 capítulos, en forma de un discurso de Ahura-Mazda a Zaratustra, a veces como un diálogo entre la Soberana Sabiduría y su discípulo. Son leyes o compendios contra los "daeva" o demonios. La segunda es el "Yasve" o culto sacrificial, un libro de himnos en cuyo himno 9° aparecen los personajes divinos, entre ellos Purushaspa, digno de ser el padre de Zaratustra, de aquel que debía enseñar la oración Ahura-Vainya contra los demonios. Como veis, la presencia de los demonios en la religión zoroástrica es constante. Sin embargo, la religión de Zaratustra es mucho más compleja y consistió en tres cosas fundamentales: reforzó el teísmo en su forma más integral; denunció a los "daevas" como potencias maléficas; y exaltó la orientación fundamental de la religión iraní: la vida y la justicia deben prevalecer en los actos cotidianos.

-En cuanto al teísmo, Zaratustra hizo una teología que exalta a Ahura-Mazda, el dios más importante entre los aqueménidas. Ahura es Creador, todo sabiduría y todo pureza; es la ley misma del mundo; la sabiduría que lo define tiene el fuego como símbolo eminente. Así como el fuego elimina las tinieblas, la verdad en actos elimina la mentira. Zaratustra rezaba ante Atar, el Fuego, imagen de Ahura-Mazda.

-Zaratustra encontró también en la tradición milenaria a Angua-Mainyu, el espíritu maligno. Ahura-Mazda y Angua-Mainyu son gemelos pero aún radicando el mal intrínseco en Angua—Mainyu, no puede superar la soberana divinidad de Ahura-Mazda.

-Se ha hablado mucho de que el mazdeísmo es dualista, pero en todo caso se trata de un dualismo provisional, porque Ahura-Mazda es el dios supremo y el término daeva es sinónimo de demonio, sometido en último término a Dios. Así, el deber de cada hombre es que se cumpla en sus actos el Bien, que es la santidad y la felicidad de los fieles: debemos trabajar la tierra y sembrar trigo, sabiendo que se trata de sembrar justicia. El buen soberano es ministro de vida y el mal rey o soberano es sinónimo de muerte.

-En suma, la religión de Zaratustra era a fin de cuentas monoteísta; los sacrificios sangrientos dieron paso a un culto espiritual y los hombres aprendieron por Zaratustra que ganarían el cielo con la verdad de su conducta personal, a imitación del propio Ahura-Mazda.

-Este mensaje resurgió, pese a que lo creyeron extinguido, durante el renacimiento nacional del siglo II a.JC., cuando una parte del reino de Irán se separó de los seléucidas. Cuando Ardascher, el primer rey sasánida, venció a los últimos partos hacia el 224, la religión del "Avesta", que se predicaba en secreto hacía mucho tiempo, se convirtió en religión universal de Irán. Entonces se consumó la idea iniciada por Darío I, que había soñado con unificar Irán y todo el Oriente. Desgraciadamente, el siglo VI fue una fecha fatal al caer Irán en manos de Omar, pasando a imponerse el Islam como religión única de Irán. Así hemos quedado reducidos a un puñado de guebras en nuestro país, y un núcleo mayor pero poco significativo en la India. Estamos todos esperando la llegada del Salvador, que traerá la victoria final de la verdad y la justicia. Tal es nuestra fe invencible.

-Confieso que me has conmovido—dijo Mehdi—además de haber aprendido cosas que no sospechaba siquiera y que remueven los cimientos de todas mis creencias anteriores. Desde ahora, Shirin deberás considerarme un discípulo al que puedes adoctrinar libremente. Me queda muy poco para empezar la vida familiar en Teherán y confío encontrar un empleo estable, pero quiero mantener contacto contigo, directamente o a través de Násir. Quizá el destino quiera separarnos provisionalmente, según sean los puestos de trabajo que nos asignen, pero nos arreglaremos para que nada nos separe.

-Es importante para mí que lo hagamos, incluso en el terreno familiar. Quisiera que mi hermano tuviera en ti un protector, al que respete y siga; si no, quedaría solo, y eso no es bueno a su edad y en una situación tan difícil.

-Descuida, que me encargaré de hacerlo. Congenio mucho con Násir y pondré a su disposición los recursos económicos tengo. Dentro de Irán, le pagaré estudios para que incluso llegue a hacer una carrera universitaria, si él pone dedicación y trabajo a fondo. Es inteligente y merece que se le ayude.

-Te lo agradezco. Ahora, como una oportunidad quizá única en bastante tiempo, quisiera que me acompañaras mañana a una excursión al monte Elburz, donde descubrirás algo impactante.

Quedaron citados los dos para ir solos, sin la compañía de Násir. De nuevo la hora de la cita fue las 11 de la mañana, porque así se acortaba la jornada de Mehdi y deseaba ver si podía tener una experiencia nueva antes de ir el otro día a la casa de su hermano.

Fueron en un coche cuyo alquiler pagó Mehdi. Shirin lo conducía y enfiló la carretera que llevaba hasta casi la cumbre del Elburz. Antes de llegar a ella se detuvo y señaló a Mehdi la entrada de una gruta que a él le hubiera quedado desapercibida de ir solo. La entrada era angosta, pero daba paso a una gruta de enormes dimensiones. Pasaron por ella y al fondo entraron en un pasadizo que en realidad contorneaba un abismo. El sendero remató en otra gruta más pequeña, que estaba iluminada por un fuego al fondo.

-Este es un templo secreto de los guebras—susurró Shirin. A partir de aquí es necesario sumirse en la oración.

Seguidamente se arrodilló y se sentó en cuclillas, abstrayéndose en la oración que, sin duda, se dirigía a Ahura-Mazda. Mehdi le imitó y vació la mente rezando a Dios, el Todopoderoso y Todo Amor a quien adoraba desde su conversión al cristianismo. Transcurrió el tiempo sin sentirlo y poco a poco del fuego fueron surgiendo seres fantasmales. En ellos vio criaturas angélicas que ascendían hacia los cielos, el espíritu de sus padres, que le bendecían; unos verdes prados que se perdían en el infinito; las olas de un mar enrabietado que rompían con suavidad a sus pies; las aguas en calma de un lago que acariciaban su rostro; unos caballos blancos que galopaban en manada por los prados; una rueda gigantesca cuyos radios giraban vertiginosamente; y un haz de luz que iluminaba como un relámpago toda la gruta indefinible.

Quedó sumergido en una paz inexpresable. Estaba transformado y se contempló a sí mismo como un hombre nuevo, dispuesto a todo con tal de que fuera un bien para sus semejantes. Poseía el secreto de la verdad.

Al menos así lo creía y, cuando regresaron a Teherán, en el corto trayecto intentó contarlo a Shirin, pero carecía de palabras para expresarlo, y lo dijo.

-No te preocupes ni intentes transmitir a otros lo que será tu gran secreto de por vida—le dijo Shirin. Que la divinidad te acompañe y te guíe en tus esfuerzos—le dijo en un abrazo de despedida a la puerta del hotel Laleh.

Durante la mañana siguiente, llamó por teléfono a su hermano y le dijo que estaba ya dispuesto a alojarse en su casa hasta que consiguiera un empleo.

Había visto y aprendido mucho, muchísimo, añadió, y quería compartirlo con él. Antes de que fuera a recogerlo en su coche, hizo las maletas y llamó a Násir. Le entregó unos miles de rials para que se inscribiera en un buen colegio, le reiteró que haría lo posible para que cursara una carrera universitaria, y le dio un afectuoso abrazo. El muchacho le besó en una mejilla, le dijo con picardía que estaría siempre dispuesto a hacerle el favor que quisiera, recordándole lo pasado la primera vez que se vieron, y tomó el número de teléfono y la dirección del hermano, para visitarle de vez en cuando y contarle sus progresos.

Con curiosidad, al bajar del automóvil estuvo un pequeño rato observando la casa en que iba a vivir. Como un edificio propio del barrio residencial norteño de la ciudad, era un gran chalet de dos plantas, desprovisto de jardín, que daba directamente a la calle. En la puerta principal le esperaba una hermosa joven, vestida con un traje de chaqueta, bien diferente del chádor que predominaba en la capital musulmana. Tenía unos cabellos negros bajo los que brillaban unos ojos chispeantes y una sonrisa alegre.

-Con que eres el hermanito pequeño, el que ha estado siempre perdido en mundos lejanos.-dijo mientras se besaban en las mejillas. Estaba impaciente por conocerte al fin. ¡Cómo te has hecho de rogar¡.

-Bueno, no son tantos mundos, sino sólo un país, porque en realidad sólo he vivido en uno, los Estados Unidos, aunque sí es verdad que resulta muy grande y muy lejano de Irán. Me alegra mucho conocerte, Naárat. Y este pequeño diablillo se llama Mustafa, como su abuelo—añadió alzando en brazos a un niño de unos cuatro años que había estado mirándole cogido a la falda de su madre.

Entraron en la casa, que estuvieron enseñándole. Había tres criados, a los que saludó, respondiéndoles ellos ceremoniosamente Después, en el amplio dormitorio que le habían destinado, pasó un largo rato colocando la ropa y los libros que llevaba. Cuando acabó, descendió a la planta baja, al comedor en que le estaban aguardando. Sentado junto a Mustafa pronto tuvo que hacer frente al interrogatorio a que le sometía Naárat. Después de tomar café se levantaron y se acomodaron en un tresillo del saloncito contiguo, donde él siguió contando cuanto le venía a la memoria de los muchos años pasados en La Habana y en Estados Unidos, primero acompañando a su padre cuando era embajador y después solo, siguiendo los estudios en un colegio y en la Universidad de Harvard al fin, de donde había salido para ir directamente a Teherán. En tanto hablaba, miraba el lujo del chalet en mil detalles, destacando los enormes espejos que cubrían una de las paredes del comedor, así como grandes tallas de marfil, piezas valiosas de plata labrada, muebles de madera ribeteada de plata, grandes alfombras que se extendían sobre el suelo y bastantes puffs desperdigados para quienes prefirieran sentarse en ellos en lugar de emplear las butacas de estilo occidental.

Su hermano—al que Naárat llamaba Sa ahorrando la longitud de su largo nombre—le estudiaba con interés, tratando de averiguar su personalidad, sin interrumpirle más que para animarle a que siguiera charlando.

-¡Qué occidental eres, Mehdí¡—dijo luego. Veo que estás inmerso totalmente en el estilo norteamericano. Claro que no podía ser de otro modo. Lo malo es que te va a resultar difícil adaptarte a nuestro país, en el que eres como un extranjero recién llegado.

-No creas, Sa. Nuestro padre me llevó de un sitio a otro, y encajé sin problemas en todas partes. Por supuesto, esto es Oriente, aquello es Occidente, y se ha dicho que Oriente y Occidente nunca se fundirán, aún cuando yo pienso que son como las aguas de dos ríos que confluyen inmediatamente al encontrarse. Yo no me hallo extraño aquí desde que he llegado, pese a haber tenido experiencias muy dispares con la gente que he tratado; y eso que eran muy distintos.

-¿Quiénes eran?. No creo que sean muchos, dado el poco número de días que llevas en la ciudad.

-Ya ves: un muchacho de sólo 16 años y su hermano, un Guardián de la Revolución que está llevando una carrera ascendente por sus méritos. Los demás, sí, han sido personal del hotel, taxistas y vendedores, todos más o menos como debe de ser esa gente en todos lados, sin nada especial. Pero el Guardián de la Revolución, al principio muy hostil porque yo venía del Gran Satán, ha terminado siendo una de las experiencias más interesantes de los últimos años.

-Bueno—dijo Naárat—ya tendréis tiempo los dos de comparar vuestras ideas. A lo mejor, Medí, te llevas la agradable sorpresa de que Sa piensa en mucho como tú. Por lo pronto, hemos organizado una pequeña recepción para presentarte esta noche a nuestros mejores amigos. Lo que fallará en ella es el servicio, porque nuestros criados tienen permiso para ausentarse desde las 8 hasta mañana. En realidad es una pequeña fiesta íntima sin otro interés que el de conocer a unas cuantas personas.

-De hecho, a partir de las 7 Naárat estuvo trabajando incansablemente con la ayuda de Sa, para colocar un buffet con platos de canapés, cristalería y botellas de bebidas, sin excluir las alcohólicas. Además, fueron agrupando el mobiliario a los lados, para que toda la planta baja del chalet se convirtiera en un gran salón. Así, al llegar los primeros invitados hacia las 10 de la noche todo estaba dispuestos. El niño estaba acostado y ellos se quedaron de pie para las presentaciones de las personas que iban apareciendo. En conjunto, fue una gran sorpresa la que recibió Mehdi. Entre los amigos que conoció estaban matrimonios jóvenes en los cuales las mujeres estaban en su totalidad ataviadas a la última moda francesa, con telas suntuosas y retocadas al estilo occidental. Junto a ellos se encontraban algunos hombres de edad más que madura, trajeados igualmente al estilo occidental, como los diplomáticos británicos que había tratado. Uno le fue presentado como subsecretario de Turismo y Sa le pidió que hablara con Mehdi, recomendándole vivamente que le atendiera.

-Sería muy importante su ayuda, señor. Acaba de llegar a Irán, quiere encontrar un puesto de trabajo para establecerse permanentemente, habla a la perfección inglés, además de defenderse bastante bien en otros dos idiomas que aprendió cuando cursaba sus estudios en la Universidad de Harvard. Creo que con un pequeño empujón de entrada podría abrirse paso en busca de un futuro.

El Subsecretario llevó a Mehdi a un rincón, y allí estuvieron hablando bastante tiempo, el suficiente para que Mehdi le contara su vida y su proyecto de encontrar un puesto en un Ministerio donde fuera especialmente útil por su dominio del inglés. Cuando le preguntó qué Ministerio prefería, Mehdi dudó y dijo que él había pensado en el de Petróleo, porque le permitiría viajar por todo el país, hasta la frontera marítima del sur.

-Eso es verdad—comentó riendo el Subsecretario, pero también es cierto que podría llevarle conmigo, y el Ministerio de Turismo le permitiría viajar a muchos países, para calmar las apetencias de cualquier trotamundos. Pero no deja de ser atinado en el plan viajero el Ministerio de Petróleo, porque, además de llevarle a conocer el país entero, le permitiría quizá acudir a las reuniones de la OPEP, que se celebran en muchas ciudades extranjeras. Los iraníes pesamos mucho en el mercado petrolero mundial y eso hace que recibamos un trato de deferencia en tales reuniones. No como en otros campos, donde estamos siendo vigilados como si fuéramos un peligro mundial. Ya ve. Semejante suspicacia ocurre cuando tenemos un presidente reformista, Jatamí, que está promoviendo una cierta libertad de expresión en la prensa y en el parlamento, además de ser tratado en la comunidad internacional como un estadista dialogante. Pero nadie se olvida de Jomeini y se tiene la impresión de que Jatamí es un gobernante provisional, en tanto le dejen sobrevivir el Líder Espiritual y los Guardianes de la Revolución. Vivimos tiempos revueltos, mi joven amigo, y temo que las cosas seguirán siendo mejores hasta que pronto se hagan peores y decididamente peligrosas. En fin, es necesario ser optimista en la vida, haciendo caso a nuestros grandes poetas del pasado. Deje un currículo a su hermano, para que me lo haga llegar y yo vea la forma de hacerle ingresar pronto en el Ministerio del Petróleo. Aléjese Vd ahora de mi, para atender a alguna de las preciosas jovencitas que hay en el salón. Cuando le consiga un puesto confío que venga a verme, para charlar. Me gustaría conocer detalles sobre la vida universitaria norteamericana. Debe de ser para Vd un choque regresar a su país de nacimiento.

Sonaban los acordes que salían de un hilo musical de su hermano y las parejas estaban bailando. Mehdi deambuló sin rumbo por el salón, hasta que Naárat le tomó de un brazo y le llevó a una muchacha muy joven que estaba sentada en una silla.

-Mira, ésta es Lahra, mi mejor amiga. Ahora, Lahra, baila con Mehdi y luego encárgate de ayudarle algo a ambientarse en Teherán perdiendo la seriedad con la que parece ser un anciano. No he conocido nunca un hombre joven tan reservado como él—concluyó alejándose.

Lahra fue una revelación, lo que nunca había encontrado hasta entonces. Su resplandeciente belleza le retrotraía a los mejores versos de amor que había leído. Así fue, en suma, su primer y gran amor en su vida. El destino les había hecho coincidir en una tierra de fuego, terremotos frecuentes y cólera desencadenada en las multitudes. Terminados desde hacía bastantes años, los tiempos de paz y tranquilidad, parecían estar encaminados a un porvenir tormentoso en que jugarían con ellos como si fueran cometas en el viento. Lahra pertenecía a una familia de la antigua aristocracia de terratenientes, que había quedado arruinada cuando la Revolución confiscó todos sus bienes, fusilaron a su padre y obligaron a los que se salvaran a que se refugiaran en Teherán, en casa de unos parientes que les dieron refugio con cariño y sin pedir nada a cambio. Su padre había alcanzado el generalato bajo el reinado del último Shah de la dinastía Pahlevi, y por ello había sido objeto de un juicio sumarísimo donde le acusaron de ser un lacayo de los americanos y no le permitieron defensa alguna, hasta que le ejecutaron. La niña recordaba como en una bruma de horror los momentos en que su palacio fue invadido por los revolucionarios, apresaron a toda la familia y después echaron a los supervivientes a la calle, consiguiendo que un camión les transportara a la capital. Ahora, con el tiempo pasado, intentaba centrarse en el trato con las personas cuyo nivel de educación se asemejaba más al suyo, siendo Naárat su mejor amiga. Había estudiado en un colegio público, en que le permitieron la entrada pese a sus pésimos antecedentes, siendo su tabla de salvación. Estudiar inglés de su familia y leer vorazmente cuantas novelas caían en sus manos hicieron que pasara el tiempo cultivando el espíritu en la cultura; de paso se distanciaba de las amigas que no compartían sus gustos y las relaciones sociales de su familia la dieron entrada paulatinamente en un círculo que apenas tenía conexión con el apasionamiento de los que acudían al colegio para soltar soflamas incendiarias hablando siempre del Islam de una forma que la asustaba, como si todo él tratara de ser una doctrina de odio hacia los que no compartían sus creencias. La división del mundo entre los fieles y los infieles denunciados por la propaganda oficial la producía repugnancia instintivamente. Intuía que no podía ser la Humanidad tal como trataban de pintar el extranjero, y sus libros, sus novelas y poesías, la enseñaron que debía esperar que apareciera un hombre que fuera distinto de todos los que había conocido desde que mataron o persiguieran a su familia más próxima. Y eso es lo que representó a sus ojos Mehdi cuando apareció en su vida. Al enterarse lo que había ido aprendiendo desde que estuvo con su padre en Cuba, le parecía asombroso que Estados Unidos fuera un país tan esencialmente distante de lo que enseñaban los mullahs y ayatollahs en las mezquitas como el Gran Satán. Ella iba a las mezquitas siguiendo los ritos musulmanes que seguían todas las mujeres de Irán, pero su espíritu estaba abierto y resultó ser como un rayo de luz el libro que le regaló Mehdi con el texto de los Nuevos Evangelios.

-¿Cómo sigues siendo musulmán después de haber leído esto?-le preguntó cuando se hubo empapado a fondo del mensaje de Cristo. Yo sabía por las enseñanzas recibidas desde que nací, que Jesús había sido un profeta santo, pero no podía compararse en sabiduría y bondad con Muhammad, el Ultimo de los Profetas.

-Es que quizá deba ser comparado, pero no puesto bajo el nivel de Muhammad. Piensa únicamente en que Muhammad estuvo guerreando toda su vida con el objetivo de unificar la península arábiga bajo su mando, y mató sin piedad a mucha gente; por el contrario, no verás en la vida de Jesús más que obras de caridad y palabras de amor. Sólo hizo el bien, no mató a nadie y cuando le apresaron y mataron injustamente, desde la cruz no salieron de sus labios más que mensajes de perdón, hasta que dejó de existir. Bueno, esto último no es lo que predican los cristianos, para quienes es fundamental creer también algo que cuentan los Evangelios, es decir, que resucitó al tercer día después de ser enterrado. La resurrección, emergiendo del mundo de los muertos, es un punto que diferencia al cristianismo de las demás religiones, sin duda del Islam. Sin embargo, en el caso de que quieras seguir profundizando en estas cuestiones verás que el Corán está lleno de similitudes con la Biblia de los cristianos y judíos. Las figuras de Ibrahim, que es el Abraham de la Biblia, o de Miriam, que es la Virgen María aparecen en un texto que fue escrito seiscientos años después de que viviera Jesús en la Tierra. Muhammad vivió más de 60 años, tuvo cinco esposas y fue un líder poderoso. Jesús murió a los 33 años, fue un carpintero y jamás tuvo un poder político, porque El se consideraba Hijo de Dios, sabía que Dios podía darle un ejército de ángeles en su ayuda si los pedía, pero se limitó a recorrer la pequeña tierra de Palestina curando ciegos y enfermos, resucitando, haciendo múltiples milagros, dando agua a los sedientos y pan de vida a los hambrientos, persistiendo en la humildad y la pobreza cuando podía haber acaudillado a los que querían sublevarse contra el poder romano, que era el más fuerte conocido por los hombres en la Antigüedad. Y mira qué ironía: sus seguidores pudieron presenciar en vida como la capital de los judíos, Jerusalén, era destruída y saqueada el año 70 por Tito, todo el pueblo judío era expulsado y se desperdigaba por el mundo y el todopoderoso imperio romano caía en manos de los que creían en Jesús y configuraban los poderes que se han ido sucediendo y hoy controlan aún al mundo entero. La población del Gran Satán en su inmensa mayoría está constituída por cristianos, para quienes la única alternativa está entre Jesucristo o la negación de Dios. Eso es lo que yo llamaría la mayor victoria que haya conocido la Historia.

-¡Luego tú eres cristiano, Mehdi¡—exclamó Lahra. No hace falta que lo confieses, porque tus palabras son suficientes para delatarte.

-Pero tú no me delatarás ante nadie—dijo Mehdi tranquilamente. Tengo confianza en ti y no es posible que esté equivocado-añadió, acercando sus ojos a los de ella. Luego, la besó con dulzura. Los brazos de Lahra rodearon su cuello, y entonces se besaron apasionadamente.

Otro día, cuando se encontraban en la casa de los hermanos de Mehdi, subieron a la habitación de éste y volvieron a besarse, como ya hacían con regularidad al verse. Sin embargo, en aquella ocasión, el abrazo se hizo intenso, las manos de Mehdi fueron quitándola el vestido y la dejó desnuda sobre la cama. Se tumbó sobre ella, pero cuando iba a poseerla, pudo contenerse y retirarse.

-No debemos ir más lejos—la dijo. Nos queremos, pero por ahora es suficiente para los dos saber que nos une el amor y que nadie ni nada podrá suprimirlo. Pero antes de casarnos tengo que hacer muchas cosas, abrirme paso para poder ofrecerte una vida cómoda para ti y para nuestros hijos. Lo hemos visto en nuestras familias y debemos honrarles siguiendo su ejemplo. Nos esperan quizá unos años de espera, porque el camino es largo, pero somos muy jóvenes y quiero estar seguro de encontrarte al final de ese sendero. Lahra, recuerda siempre que te amo. Por ahora, mantengamos en secreto que estamos comprometidos. Una vez que empiece a trabajar supongo que no podremos vernos a diario como en estas últimas semanas, pero vaya a donde vaya tendré tu imagen en mi alma.

Se hicieron una fotografía en una tienda de la capital y Mehdi la regaló un anillo modesto de plata que nadie podía interpretar como un anillo de compromiso.

Con la fotografía en su billetero, Mehdi acudió a la cita con el Subsecretario, que le esperaba sonriente en su despacho. Al entrar se levantó y le dio un beso en las mejillas, al estilo musulmán, antes de que se sentara en un sillón ante su mesa de trabajo.

-Me alegra comunicarte que te he encontrado un empleo en el departamento de traducción del Ministerio de Petróleo. Puedes ir mañana a tomar posesión y empezar tu vida laboral en tu país. Buena suerte, hijo.

Había cumplido, pues, lo que le había prometido cuando Mehdi se lo pidió. Antes de ir el día siguiente, Mehdi se puso en contacto con su enlace en la embajada británica, para que comunicara el lugar donde iba a trabajar. Sabía de antemano la satisfacción que daba a Harris, quien a lo mejor estaba dudando de que pudiera empezar.

En el enorme edificio del Ministerio de Petróleo el departamento de traducción ocupaba buena parte de una planta, aunque el espacio principal estaba destinado a los traductores de inglés. Había una docena de iraníes en aquel servicio, que disponían de diccionarios, ordenadores y una radio conectada exclusivamente a la BBC y a la CNN norteamericana. Un cometido de todos era grabar los informativos y traducir al farsi cuanto se refiriera a Irán, la política exterior iraní y las cotizaciones del barril de petróleo. De esa manera, no tenía Mehdi que soportar la propaganda oficial respecto de la política interior.

Pronto comprendió, al igual que el jefe del departamento, que sus compañeros de trabajo eran muy inferiores a él en el manejo del inglés. Por ello, constantemente iba en su ayuda, para corregir fallos, hasta que un día le ordenó el jefe del departamento que le acompañara para que le entrevistara el jefe superior del Servicio de Relaciones con el mundo anglo-sajón.

Al entrar en el vasto despacho, se sintió cohibido, lo notó el hombre que le esperaba y le indicó sonriendo que se sentara.

-Me ha dicho tu jefe que hablas y dominas el inglés como un norteamericano de nacimiento. Sabemos que eres hijo de un antiguo embajador ya fallecido, Mustafa Mokhlessi y supongo que te habrá transmitido su conocimiento del idioma.

-Lo siento, pero eso es un error. Lo que mi padre me enseñó bien fue el farsi, ya que era el idioma que hablábamos entre nosotros. Ocurre que me inscribió en un colegio americano de Florida, por estar cerca de La Habana, y de allí he ido rodando de uno a otro centro, hasta parar en la Universidad de Harvard, donde he estudiado Derecho Internacional. Por eso he llegado a hablar el inglés como cualquiera de mis compañeros americanos.

-Gracias por corregirme, aunque no me hayas contado nada que desconozca. Tenemos la costumbre de investigar la vida de quienes entran a trabajar en el Ministerio, y lo hicimos cuando nos habló el Subsecretario de Turismo, un hombre por cierto más occidentalizado de lo que debiera. En fin, a partir de ahora vamos a utilizarte en asuntos de mayor envergadura. Por ejemplo, tendrás que formar parte de las delegaciones de Irán en las reuniones de la OPEP, que son bastante frecuentes por razones de geopolítica. Hasta que te llegue la primera oportunidad, ¿qué desearías hacer?.

-Te confieso que quiero conocer mi país de nacimiento lo mejor posible, ya que nací en Teherán, pasé la primera infancia aquí, pero desde entonces he estado deambulando lejos, como sabes. Ya que he de ayudar un poquito a los que tratan el tema de la venta de petróleo al extranjero, me gustaría recorrer la región del Golfo Pérsico, para visitar las refinerías, ver cómo se realiza el bombeo y tratamiento del petróleo. ¿Te parece razonable? Claro que me tienes a tus órdenes y haré lo que digas.

-Me parece bien tu propuesta, pero añadiré que, de paso hacia la frontera sur, sería muy formativo para ti pasar un par de días en Qom, que en realidad es la ciudad santa del chiísmo actual. Porque tú eres un fiel chií, como espero. No quisiera infiltrar en el Ministerio un hombre que no fuera un devoto seguidor del Corán.

-Soy así, como me enseñó mi padre. Cumplo los preceptos del Corán en todos los aspectos y no quiero dejarme corromper por las acechanzas de una civilización occidental, que conozco y desprecio.

Sus respuestas debieron de ser satisfactorias, porque un par de días después le recogió en el Ministerio un automóvil que se encaminó por la carretera que iba al sur. Contemplaba con interés el paisaje desértico que iba atravesando y comprendía por qué Irán hubiera sido un país muy pobre si no hubiera dispuesto de sus formidables reservas de oro negro. A unos 200 kilómetros, según le pareció, pasó bajo un modesto arco triunfal que constituía la entrada de Qom y pasó por varias calles, hasta detenerse ante una mezquita. Junto a ella estaba una casa rodeada por un enjambre de peregrinos. Se sumó a ellos y siguió la cola hasta entrar en una gran habitación, en cuyo centro se hallaba sobre una cama el cuerpo exangüe de un anciano de tez cadavérica. Cada peregrino se paraba junto a él, musitaba unas oraciones y luego depositaba un puñado de billetes, como limosna. Mehdi hizo lo mismo, dio una cantidad que pareció llamar la atención del aparentemente dormido viejo, que esbozó una sonrisa de gratitud. Luego, se retiró y salió por la puerta por donde se iban los peregrinos.

Allí le esperaba un joven mullah, que le tomó un brazo.

-Me he dado cuenta de que has sido generoso con el Gran Ayatollah. Si quieres, puedes venir conmigo a un edificio cercano donde te incorporarás a una comida de fieles.

Le siguió y penetraron en un comedor de la primera planta, donde ya estaban reunidos, sentados en cuclillas sobre alfombras, un grupo de religiosos que charlaban animadamente. Le abrieron un hueco entre ellos y se tumbó también en cuclillas, comiendo con los dedos el grasiento cordero que estaba en un plato central. A continuación, una vez que habían bebido en vasos agua y comido unos dulces que, en contraste con el cordero, le parecieron deliciosos, intervino en la conversación, que giraba en torno a la figura del imán Jomeini, fundador del nuevo Irán.

-Soy tan consciente de su importancia que, el día siguiente de mi llegada a Teherán me dirigí al mausoleo donde está su tumba. Como suponía, estaba rodeado por una enorme multitud de fieles que le rendían su homenaje. Pasé horas inolvidables rezando junto a ellos y meditando sobre la vida de un hombre que dio tanto por el pueblo.

-Y tú, ¿de dónde fuiste a Teherán?. ¿Es que eres extranjero, acaso? Preguntó con suspicacia el mullah joven que le había acompañado.

-Soy tan iraní como tú, porque nací en Teherán y me crié allí. Lo que pasa es que estudié en Estados Unidos y de allá he regresado para estar siempre en mi patria.

-¿En tu patria, traidor?—gritó el mayor de los presentes, un hombre de barba ya cana, levantándose bruscamente y enarbolando un cuchillo, con el que se lanzó sobre Mehdi.

El muchacho le miró con sorpresa y con rapidez asió el brazo del hombre, forzándole a soltar el cuchillo mientras lanzaba espumarajos de rabia.

-Es muy distinta la hospitalidad que nos enseñan a los buenos musulmanes—dijo con frialdad. Soy funcionario del Gobierno, he venido a Qom para pasar un par de días, y me encamino al sur en una misión oficial.

Por la tensión de la escena, ya no se podía continuar una charla que se presentaba tan amigable, pero el mullah que le llevó se empeñó entonces en ayudarle a encontrar un hotel y hacerle compañía durante su estancia. Se llamaba Reza Moface y parecía encantado de hablar con una persona que había viajado mucho y conocía personalmente el odiado Gran Satán.

Pasaron horas desde que fueron al hotel que Reza facilitó hasta la hora de cenar juntos en un pequeño restaurante, despidiéndose hacia las 8 de la noche, cuando Mehdi se retiró para rezar, leer y dormir. Estaba cansado de repetir por enésima vez cómo era la vida universitaria en Estados Unidos y había tratado de explicar un poco la vida corriente en la población norteamericana, tan diferente de la iraní. Reza absorbía sus palabras y no paraba de preguntar más y más. Al despedirse, le dijo algo que suscitó su interés: tenía intención de enseñarla la famosa emisora de radio de Qom, que era la obsesión de los servicios secretos occidentales, porque durante las 24 horas de su funcionamiento diario no cesaba de impartir consignas revolucionarias a todo el mundo musulmán.

En efecto, a primera hora de la mañana, después de desayunar frugalmente, le llevó en coche a un recinto sito muy cerca de la población, rodeado de una tupida alambrada, con torres de vigilancia, cámaras de televisión por doquier y una fuerte escolta armada que hacía ronda constante. Con ayuda de Reza y, desde luego, mostrando la documentación que le identificaba como funcionario del Ministerio de Petróleo, subieron en un ascensor a la segunda planta. Desde la sala a la que le condujeron, pudo distinguir el bosque de antenas que salían del edificio. Al cabo de un largo rato apareció un hombre uniformado como Guardián de la Revolución, que le saludó cordialmente.

-Me ha dicho Reza Moface que Vd es funcionario del Gobierno y le gustaría mucho aprovechar su estancia en Qom para conocer la emisora. También parece que ha vivido en Estados Unidos. Su inglés debe de ser, pues, magnífico.

-No me gusta jactarme de nada, pero es verdad que domino el inglés y por ello soy miembro del departamento de Relaciones Públicas del Ministerio precisamente por esa circunstancia. Según creo, no abundan en Irán los que se encuentran en la misma posición.

-Así es, pero a nosotros no nos importa demasiado, porque hablamos el farsi para dirigirnos al mundo musulmán, además del idioma árabe y varios dialectos de la misma rama, según sea el país a que nos dirigimos. Ahora bien, ¡se me ocurre una cosa, que someteré a la decisión de mis jefes si a Vd le parece bien¡. Se trataría de improvisar un llamamiento a los norteamericanos en su propio idioma, para reiterarles nuestra política exterior general. Por supuesto le daríamos un guión de lo que interesaría decir. Será una gran sorpresa, incluso en el seno de nuestro Gobierno, demasiado abierto en esta etapa.

A continuación, contando ya con la aprobación del sorprendido y divertido Mehdi, salió del cuarto y les tuvo esperando cerca de una hora. Ya creía que todo lo anunciado se había anulado desde arriba, cuando regresó el

Guardián y dijo a Mehdi que le siguiera, indicando a Reza la conveniencia de quedarse solo, porque no debía acompañarles.

Subieron por una escalera estrecha, pasaron a un largo pasillo al que daban pequeñas habitaciones. Al fin, Mehdi entró en la que le señalaron y fue hacia la mesa central, donde estaban unas hojas de papel escrito ante un micrófono. Estudió rápidamente las hojas, que en realidad no eran un guión sino el texto literal de lo que debía decir en inglés. Observó que una pared era un largo cristal, en el cual se veía a un hombre que le miraba. Hizo una seña para que se sentara, haciendo gestos para darle a entender que le dejaría hablar cuando ya estuviera preparado. Obedeció y durante unos minutos, con voz firme, estuvo lanzando una proclama en inglés, subrayando los puntos principales de la política exterior conducida por Jatamí, con la advertencia de que nadie se llamara a engaño creyendo que podía llegar al punto de contradecir los principios de la Revolución según los fuera fijando el Líder Espiritual Ali Jamenei. Llegó a poner énfasis en lo que le parecía más relevante.

Al terminar, el mismo Guardián le acompañó hasta Reza y salieron ya del edificio, con los mismos chequeos que a la entrada. Mehdi se preguntaba si había gustado su ayuda, y expresó su inquietud a Reza.

-Nadie podrá decirlo, amigo mío, salvo "ellos", que no sé quiénes son—le contestó Reza con franqueza. Además, tengo la impresión de que en política lo que agrada a unos les parece detestable a otros. Ya has visto lo que sucedió ayer en la comida.

Por la noche, al despedirse después de una jornada agradable, en que estuvieron hablando amistosamente, Mehdi le dijo a Reza que quisiera verle de nuevo, si tenía la oportunidad de ir algún día a Teherán.

-Quisiera incorporarte al pequeño grupo de amigos iraníes fieles a quienes no disgusta llevarse bien con una persona procedente del Gran Satán.

-La vida es complicada y no cesa de dar sorpresas. No descargo que me destinen alguna vez a Teherán, y entonces iré a conocer tu casa y tu familia. Imagino, por lo visto, que eres un hombre que procede de familia rica y que está trabajando por vocación más que por necesidad.

-Tienes intuición, querido Reza, y confío que Alá nos permita reunirnos. Me alegraría que formaras parte de un pequeño grupo que estoy constituyendo a fuerza de casualidades. Es muy variopinto: un camarero que ahora estudia, un Guardián de la Revolución que es un experto en historia de Irán, y ahora tú, que eres un hombre de religión y un gentil amigo de los que surgen en tu camino.

Continuó viaje por carretera, como le habían ordenado, interrogándose si estaba actuando con acierto o con demasiada osadía, si bien le parecía estupendo que alguien hubiera captado la emisión radiofónica y pudiera informar de ella para que llegara a oídos de Harris. Ahora, su obligación era conocer a fondo la industria del petróleo, la base de la economía iraní. En 1909 empezó a explotarse los campos del piedemonte mesopotámico del Zagros, por parte de la Anglo-Iranian Oil Company, que, tras la nacionalización decretada por Mosadeq y la crisis que siguió fue reemplazada por un consorcio, en el cual la British Petroleum tenía el 40%, un grupo de sociedades norteamericanas otro 40 %, la Royal Dutch Shell el 14% y la Compagnie Française de Pétroles el 6%. El consorcio se aseguró la producción total iraní de 254 millones de toneladas en 1972, pero un nuevo acuerdo en 1973 concedió a Irán la soberanía absoluta sobre sus instalaciones petrolíferas, convirtiéndose el consorcio internacional en un simple comprador. Los yacimientos de Juzistán seguían proporcionando la mayoría de la producción, pero el centro de explotación se ha ido desplazando poco a poco hacia el interior del Golfo Pérsico, a medida que se suceden los hallazgos. El problema del embarque portuario había recibido una solución original. Tradicionalmente la exportación se concentraba en el puerto de Abadan en lo que respecta a los productos de la refinería construída en la ciudad (2,1 millones de toneladas) y en Bandar Masur, puerto artificial construído en los aluviones del fondo del golfo y hacia el cual convergen los oleoductos, por lo que concierne al petróleo crudo. Ante la imposibilidad de que accedieran a Bandar Masur los petroleros de más de 40.000 toneladas se había creado un puerto de gran calado en el islote de Jara, a 40 kms de la costa, dañado durante la guerra contra Irak, aunque luego fue reconstruído. En el puerto confluyen los oleoductos submarinos procedentes del continente y que acaparaba la exportación de crudos. La exportación de los productos de la refinería de Abadan quedaba asegurada por Bandar Masur. Al lado de esta explotación habían surgido nuevos elementos. La producción nacional iraní quedaba asegurada por la SNIP (Sociedad Nacional Iraní de Petróleos) a partir de diversos yacimientos situados en la meseta iraní, cerca del Qom que acababa de conocer, en Naft-i-Sha, junto a la frontera iraquí, en el extremo norte del Juzistán y en los yacimientos submarinos situados en el Golfo Pérsico. La producción total iraní ascendía en 1989 a 140 millones de toneladas, pero ya en el momento de la llegada de Mehdi era un secreto de Estado, y sólo cabía estimar que pasaba de ser el 50 % de la producción mundial, siendo incalculables las reservas del subsuelo.

Como es lógico, el consumo interior de energía estaba supeditado totalmente al petróleo, como combustible normal en todas las ciudades y hogares. Una red de oleoductos y gaseoductos alimentaba a los centros principales, a partir de una arteria de primera importancia, que era el oleoducto para toda clase de productos entre Abadan y Teherán. La red de transporte de gas alcanzaba a la frontera caucásica con Rusia, hacia la cual se conduce una cantidad creciente. mientras empieza a perfilarse una industria nacional a la altura de la industria petrolífera. La petroquímica había hecho ya su aparición en el fondo del Golfo y en Straz; una gran fábrica de abonos químicos se provee de energía a través de un gaseoducto procedente de los campos petrolíferos mesopotámicos, en tanto se había abierto una nueva refinería en Teherán, que curiosamente Mehdi no había visitado

El carácter vital del petróleo para Irán se reforzaba por el hecho de que constituía más del 90% de sus exportaciones. A enorme distancia le seguían las alfombras, los frutos secos, el algodón, las pieles, el caviar del Caspio.

Por otra parte, la política económica propulsada por el presidente Rafsanyani hizo estragos. Aunque dinamizó el desarrollo, la inflación subió espectacularmente a la par que el déficit comercial, agotando los créditos internacionales cuando más necesarios eran para la reconstrucción del país, esquilmado por la guerra con Irak Precisamente, el Irak expansionista de Saddam Hussein había declarado la guerra en 1980 para anexionarse el Juzistán y los fondos submarinos del final del Golfo Pérsico en la zona de Shatt al'Arab. Tras diez años de batallas, bombardeos de Irán por parte de la superior aviación iraquí, con un millón de muertos en cada bando, Irán se había visto obligada a firmar la paz propugnada por las Naciones Unidas, restableciéndose las fronteras anteriores al conflicto pero quedando los dos países arruinados.

Cuando Mehdi llegó a Abadán encontró una ciudad-islote, que constituía una urbanización única en el país. Tenía una población de unos centenares de pobladores a principios de siglo, pero a su llegada contaba ya con unos 300.000. Todos los barrios giraban en torno al punto central de la ciudad, que era la refinería, y en el barrio residencial, formado con chaléts modernos al estilo de la zona norte de Teherán, se encontraba el hotel donde le habían reservado una habitación. Después de registrarse en recepción, subió al cuarto para dejar su pequeño equipaje y, como le quedaban libres bastantes horas antes de la cena, fue hacia el puerto, contempló el mar, turbio por la contaminación industrial, y estuvo vagando por el bazar local, incomparablemente más pequeño que el de la capital, y del que se servían como supermercado las familias de los barrios circundantes. En un restaurante cercano tomó una cena a base de gastronomía típicamente iraní. Primero, un gran plato de arroz, que era el producto preferido por los iraníes acompañándolo de salsas muy diferentes. Luego se sirvió el pollo o pilav, bañado con una salsa jorech siempre perfumado de salsas aromáticas, aquella noche tenían el chirpine, un pollo tierno adornado con azafrán, almendras y azúcar. Como la revolución

Islamica tenía prohibido el alcohol, se conformó con el charbate, un jarabe de jugo de frutas no fermentado. Como postre le dieron dátiles y unos dulces locales. Satisfecho, se retiró al hotel, llamó al número de teléfono que le habían dado, quedaron en recogerle en automóvil la mañana siguiente y después se acostó, durmiendo profundamente.

Le despertó el cántico cercano de un muecín llamando a la oración. Entonces, como había observado que le vigilaban con micrófonos y no sabía si también le grababa una cámara oculta, fingió que cumplía el rito musulmán de rezar sobre una alfombrilla en dirección a La Meca y, en lugar de recitar un versículo del Corán recitó varios padrenuestros así como unas oraciones que él mismo había diseñado y memorizado, dirigiéndose a Jesucristo y al Dios Creador Todopoderoso ante quien él era menos que nada.

En el saloncito de la recepción, esperó la llegada del coche oficial, que no tardó mucho en llegar.

Vino a su encuentro un hombre con traje oscuro, por supuesto sin corbata, que le estudió con curiosidad mientras le estrechaba la mano.

-Así que es Vd el enviado del Ministerio de Petróleos que viene a conocer el funcionamiento real de una refinería. Creo que le será muy útil alguna vez, cuando tenga que negociar precios de nuestros crudos. Naturalmente, es una cuestión malditamente complicada y no sé cómo va a entenderla si no es ingeniero. Porque no lo es, ¿verdad?.—y las últimas palabras fueron pronunciadas en inglés, inesperadamente.

-Temo que su ingles es tan malo como mis conocimientos de ingeniería, que le confieso ser cero—respondió en su inglés, tan superior al del interlocutor. Sólo pretendo que me explique el proceso del refinado de petróleo y de la exportación, en palabras llanas, para que las comprenda un simple economista. No hace falta saber mucho, porque tampoco voy a encontrarme con expertos de la explotación petrolífera en mis tratos con infieles.

Aclaradas las cosas, el iraní fue ya un guía concienzudo, que le fue enseñando el proceso de trabajo en toda la refinería, deteniéndose de vez en cuando para comprobar que Mehdi iba captando lo que le explicaba. Comieron en un restaurante de la misma refinería. El plato principal era un tchalo-kebah, arroz cocido con manteca, con pequeños trozos de filete de ternera asados a la brasa con carbón de encina. Mehdi alabó la calidad de aquel plato tan popular en la mesa de los iraníes.

-Amigo mío—le dijo su anfitrión—a nuestro pueblo le gusta siempre la carne tierna y por ello mi mujer la pone en remojo un día antes, con salmuera, cebolla, yogur y azafrán. Claro que quizas abunda más la carne en forma de albondiguilla, lo que llamamos kufté y chamil.

Estuvieron recorriendo la refinería otras tres horas, y ya anochecía cuando Mehdi entró en el coche de vuelta al hotel.

Al día siguiente, su guía le llevó al puerto, subieron a bordo de una lancha rápida y se dirigieron al puerto de Bandar Mansur, en el islote de Jarg, a 40 kms de la costa, que era alimentado por los oleoductos submarinos que proceden del continente y que acapara la exportación de los crudos iraníes. Fue el islote que se construyó cuando se comprobó que Bandar Mansur ya no tenía calado para buques de más de 40.000 tons. Por ello, como era el punto más importante de la producción iraní en el Golfo Pérsico, la expedición a Bandar Mansur se prolongó a Jara. En total, estuvieron el día entero ocupados en el recorrido de la zona. Por la noche, los dos fueron juntos al hotel, donde Mehdi invitó a su acompañante a tomar un café de despedida.

-Le estoy muy agradecido. Por primera vez desde que ingresé en el Ministerio, he aprendido lo que es en funcionamiento la industria petrolera. Me ha dado Vd información que será básica en mi trabajo.

-No he hecho más que cumplir mi obligación y ello es muy satisfactorio. Lo que no comprendo es por qué no le han enseñado primero la refinería del mismo Teherán.

-Quizá se deba a mi deseo de conocer buena parte de mi país, al haber llegado hace poco, y tenía interés en recorrerlo de norte a sur, terminando mi viaje en el Golfo Pérsico, que al fin y al cabo es nuestra frontera sur. Ha sido un viaje revelador, pero posiblemente lo que más me ha gustado ha sido no es la parte petrolera, como debía ser, sino mi estancia en Qom. En fin, ya no soy un viajero recién llegado.

-¿Cuánto tiempo hace que lleva viviendo en Teherán?. Quisiera que me contara algo, para que no crea haber estado ayudando a algún extraño

En vista de ello, Mehdi fue contándole la aburrida versión de su nacimiento en Teherán, su infancia en la capital, los viajes dirigidos por su padre y la larga estancia en Estados Unidos. Notaba que su anfitrión le observaba con evidente suspicacia y tenía la sensación de que, en cuanto acabase, el hombre regresaría para rendir un detallado informe sobre su estancia en Abadán y lo que había contado. La verdad es que no le hacía gracia la sensación de estar siendo vigilado estrechamente allá donde se encaminase, y deseaba vivamente regresar a Teherán al lado de su familia y de Lahra.

En la mañana siguiente esperó sin impaciencia en el saloncito a que llegara el automóvil que le conduciría al aeropuerto de Abadán.

En el aeropuerto compró un periódico y una revista, para entretenerse leyendo durante el vuelo. Este fue bastante largo, por la distancia, pero al fin aterrizó en Teherán y desde el bullicioso aeropuerto se dirigió en un taxi a la casa de su hermano. No le estaban esperando, porque ignoraban la fecha exacta de su regreso, pero le recibieron con alegría, sobre todo su pequeño sobrino, y pasó el día contando los avatares de su viaje a través de Irán.

-Tengo la impresión de que has venido en una etapa de nuevos cambios e incertidumbres en nuestro país—le comentó su hermano. Según toda la información fiable, el crédito internacional de Jatamí está agotado y la gente está murmurando que la situación económica general es peor que la que dejó Rafsanyani, que ya es decir. Pronto llegan las nuevas elecciones generales para ver quiénes son los nuevos miembros del Parlamento, pero es de temer que la composición del Majlis va a ser muy diferente. Rafsanyani aspira a ser elegido de nuevo presidente de la República, pero está muy desprestigiado y es de suponer que habrá alguna gran sorpresa, como la que fue hace cuatro años el triunfo de Jatamí.

A Mehdi no le preocupaba otra cosa que encontrarse con Lahra, y le traía al fresco lo que pasara en las elecciones al Majlis. Por eso, concertó una cita con ella y, cuando se vieron, se besaron apasionadamente.

-Quiero que seas mi mujer. Quizá seamos muy jóvenes, pero es mucho peor esperar, teniendo en cuenta los peligros que corremos si no fundamos una familia y tenemos hijos.

Durante unos días, en tanto Mehdi daba cuenta en su Ministerio de cuanto había sucedido en su viaje de Teherán a Abadán, aguardando ahora que le dieran instrucciones para alguna nueva misión, hablaba con Lahra sobre las modalidades de la boda. El tenía gran interés en que Lahra se convirtiera al cristianismo y se casaran por el rito católico. Al fin, encontraron un sacerdote que ejercía su ministerio clandestinamente, jugándose la vida, y que se avino a casarles, cuando vio que Lahra estaba bien predispuesta a ingresar en la Iglesia Católica, por las emociones que había sentido al leer y estudiar los Evangelios. Así, un día, en presencia del hermano y la cuñada de Mehdi, en una pequeña capilla existente en las afueras de Teherán, no lejos de la gruta en que Mehdi había descubierto la magia del zoroastrismo, consecutivamente Lahra fue bautizada y se casó con Mehdi.

De ese modo, pudieron consumar su amor carnalmente, en una noche febril de amor, en que se poseyeron sin tregua hasta que el sueño se apoderó de ellos.

Con el amanecer, Lahra preparó el desayuno, fueron abrazados al comedor y se sentaron a charlar.

-Nunca he creído, mi amor, que seas lo que dices y que hayas venido a Irán para encontrar un empleo y trabajar. Por favor, cuéntame la verdad, para que no viva intranquila sabiendo que puedes ser encarcelado en un país como el nuestro, donde nadie está seguro ante la tiranía que oprime Irán desde la llegada de Jomeini. Ya has visto lo que pasó a mi familia, y las calamidades que sufrí. Tengo la impresión de que estás a salvo de penurias económicas, por relativo que parezca esto en Irán, pero todo será mucho peor si encima estás sirviendo a una causa secreta.

-Secreta sí lo es, mi amor—dijo Mehdi, haciendo un esfuerzo para romper las normas asumidas con su verdadera misión. En realidad, soy un enviado por el Gobierno americano para cubrir una misión informativa lo más profunda posible. Es, pues, una causa noble, ya que defiendo los valores mejores de la civilización de Irán y de Occidente a la vez. Bien sabes la saña cruel con que estamos siendo sometidos aquí a una terrible dictadura impuesta por un puñado de clérigos locos. Lo que hizo Jomeini a Irán es hacerlo retroceder a las tinieblas de la Edad Media. Nosotros hemos sido un faro de civilización durante muchos siglos hasta que en el VI la oleada de jinetes árabes conducidos por Omar nos trajo el Islam y desapareció de un plumazo el refinamiento maravilloso que habían conservado los aqueménidas y los sasánidas. Desde entonces hemos sufrido toda clase de vaivenes, que finalmente han desembocado en este sistema tremendo que ha traído el terremoto político desencadenado por un hombre sólo comparable en instinto homicida al llamado Viejo de la Montaña, atrincherado en una fortaleza inmarcesible no muy lejos de Irán., fundando y fortaleciendo la Secta de los Asesinos. Tengo que salvarte de este caos. En caso contrario, nuestra familia no estará jamás segura.

Como primera medida, aprovechando las circunstancias en su favor, buscó y no tardó en encontrar un espléndido chalet, casi palaciego, en el mismo barrio residencial, que estaba cuidado por dos matrimonios de edad madura, emparentados entre sí. Los propietarios habían huído de Irán, refugiándose en Europa poco después de la llegada de Jomeini. El precio de venta resultaba irrisorio en comparación con el verdadero valor del inmueble, y los gastos de mantenimiento en realidad se reducían a la manutención de los criados. Por ello, Mehdi y Lahra se instalaron en él sin dudarlo, aceptando como única restricción, voluntaria, a no celebrar fiestas como las que organizaban de tarde en tarde sus hermanos. No quería Mehdi llamar la atención de sus amigos en el régimen, para dedicarse exclusivamente a su labor informativa. Desde allí llamó unos días más tarde a Harris, utilizando el teléfono por satélite que le había entregado con la condición de que no lo utilizara más que en casos de emergencia o si tenía algo muy importante que comunicarle y discutir sin trabas.

Al recibir su jefe y amigo la llamada, Mehdi empezó por informarle con detalle sobre el viaje que había hecho a Qom y Abadán.

-Vuelvo con la clara seguridad de que Irán está haciendo un enorme esfuerzo para influir con su petróleo en toda la geoestrategia de Asia. Aunque no se diga, creen haber heredado el milenario sueño de apoderarse de todos los países vecinos, y para ellos su arma básica es el petróleo. Tendrías que ver la actividad febril que se desarrolla en el Golfo Pérsico.

-Por el momento—comentó Harris—lo que más nos preocupa es su intervención solapada en la guerra de Irak, donde no paran de entrenar a nuevos insurgentes y dar aliento a todos los planes de ataques anti-americanos. Ya no se contentan con influir en el Líbano y financiar las guerrillas en colaboración con Siria, a quien ha convertido en un aliado político y militar. Hezbollah es tan criatura suya como el ejército al servicio de los chiíes o Hamas en Palestina. Cuando nuestro Presidente declaró a Irán como partícipe del eje del mal con Siria y Corea del Norte adelantó un peligro mortal que no ha cesado de incrementarse desde que invadimos Irak en el año 2003.

-Pues ahora, Harris, ese peligro está exacerbándose de día en día. Por la indiscreción momentánea de un Guardián de la Revolución comprendí que, con conocimiento del reformista Jatamí deben de estar avanzando en la prosecución de armamento nuclear.

-¡Qué dices¡. Eso es gravísimo y podría precipitar una crisis militar que no queríamos tan pronto. Es imprescindible que te dediques a ello plenamente. Cambia de Ministerio para ir al de Turismo, si crees que tendrás así mayor libertad de movimientos que te permita viajar al extranjero con frecuencia y estar más en contacto directo con nosotros.

-Procuraré hacerlo con la ayuda del mismo jerarca que me llevó a Petróleos. Debo intentarlo rápidamente, porque la situación política interior se está deteriorando y parece que toda la gente teme grandes e inesperados cambios.

En efecto, habló con su antiguo amigo el Subsecretario, que hizo una gestión mediante la cual consiguió un pronto traslado a su Ministerio de Turismo. Disponía en él de un despacho oficial mejor, así como también de un automóvil que le asignaron con chófer al recibir el nombramiento de jefe del departamento de relaciones públicas.

El momento para hacerlo no pudo ser más oportuno. La campaña electoral para nombrar Presidente de la República a Jatamí de nuevo hizo comprender a toda la gente que el político moderado tenía escasas probabilidades de ser reelegido. En las calles proliferaban los carteles de apoyo a un político antes casi desconocido, un jefe de Guardianes de la Revolución llamado Mahmoud Ahmadinejad, cuya oratoria incendiaria convocaba en cada mítin a miles de manifestantes que le aclamaban, en tanto Jatamí y Hashemi Rafsanjani apenas tenían unos puñados de personas que les oían sin poder exteriorizar con entusiasmo su adhesión a las políticas que preconizaban. El débil Estado de Derecho, la limitada libertad de prensa y el aperturismo a Occidente que había intentado Jatamí y le había hecho acreedor a la recepción amistosa disfrutada en sus viajes por Europa parecían estar desvaneciéndose para siempre.

Así fue. En las elecciones, los parlamentarios reformistas leales a Jatamí representaban ya una minoría irrelevante en el Majlis, mientras que Ahmadinejad consiguió que él y sus partidarios fanáticos constituían una gran mayoría que podía formar Gobierno y regir el país cómodamente. El Consejo de Guardianes y el Líder espiritual, Ali Jamenei, le respaldaron explícitamente. Como si fuera una repetición de los días turbulentos que siguieron a la llegada de Jomeini a Teherán, las calles de todas las ciudades iraníes fueron invadidas por el gentío de seguidores que se lanzaban al saqueo allá donde no fueran contenidos por el ejército. Todas las puertas estaban abiertas al paso de quienes quisieran penetrar por ellas para registrar las casas y los comercios. Los bazares estaban sumidos en el silencio desde que terminaban en pocas horas las compras de los alimentos indispensables. La vida nacional, en suma, estaba contenida como si fuera una presa que pugnara por reventar sus murallas para lanzar su caudal en un torrente imparable.

Y, finalmente, se hizo la calma. El triunfante Ahmadinejad, frente a una multitud enardecida, proclamó que había llegado el momento de terminar con Israel, barriéndola de la faz de la Tierra. La frase circuló por todo el mundo y sacudió la comunidad internacional. Todos comprendieron que el inexperto y demencial político representaba una voluntad de llevar al límite las exhortaciones destructoras del ayatollah Jomeini—que no imán, como pretendían consagrarle sus fieles dando la espalda a la ortodoxia coránica y chií—con la diferencia de que ahora se presenciaba un desafío directo a Occidente, empezando por Estados Unidos. La Unión Europea se movilizó, empezando por protestar enérgicamente ante la amenaza hecha contra Israel. Gran Bretaña, Alemania y Francia se unieron para entrar en contacto directo con el Gobierno iraní y tratar de sondear las perspectivas de un status quo pacífico. Mientras, la información que había recibido Mehdi por la indiscreción relativa a un rearmamento nuclear, se confirmó en el seno de la Agencia Internacional de Energía Atómica, viéndose que Gholamreza Agazadeh, jefe de la Agencia Iraní de Energía Atómica se negaba primero a una inspección extranjera de sus instalaciones nucleares, que suponían se hallaban en la zona de Isfahan, hasta que finalmente los iraníes rompieron los sellos puestos por la Agencia Internacional y declararon abiertamente que tenían derecho a desarrollar una industria nuclear propia, con el pretexto de que sólo tenía fines pacíficos para complementar sus necesidades de energía. Era un argumento insólito por parte de un país que ocupaba el segundo lugar de las exportaciones petrolíferas del mundo—para él el 90% del total de sus exportaciones—y no había otra explicación racional posible salvo la de que Teherán estaba buscando tener la bomba atómica, convirtiéndose en una de las potencias nucleares. Con la peculiaridad de que se trataba de un régimen político agresivo y expansionista, al revés que China, Francia, India, Pakistán y Sudáfrica.

La situación se agravaba de día en día. Cada aparición en público de Mahmoud Ahmadinejad era un escalón más en la satanización política de Estados Unidos y el Occidente entero. El Ministro de Asuntos Exteriores. Manouchehr Mottaki dejó a un lado todo lenguaje diplomático y advirtió que nadie tenía derecho a quitar a Irán la capacidad de tener una industria nuclear nacional, claro está con fines pacíficos, como tenía la mayoría de países industrializados deficitarios de energía. Otro día se argumentaba que Irán pretendía libertad de movimientos para investigar aunque no para producir combustible nuclear, si bien era obvio que la investigación conllevaba el enriquecimiento de uranio, que era un paso imprescindible para la fabricación de la bomba atómica. Rusia se ofreció para que sus instalaciones se encargaran del enriquecimiento de uranio, entregándolo luego a Irán, pero fue en el acto rechazada, ya que los iraníes debían de estar quemando etapas en su objetivo. Los expertos en energía nuclear consideraban que todavía faltaban entre 6 y 10 años para que Irán dispusiera de la bomba atómica, pero ningún estadista podía confiar en semejante cálculo, considerando que era imprescindible encontrar un arreglo negociado antes de que fuera demasiado tarde para evitar que pudiera estallar un conflicto nuclear en el mundo. China y Rusia, que al principio se mostraban reacias a presionar a Irán, impidiendo que el problema se llevara al Consejo de Seguridad de Naciones Unidas para aprobar sanciones económicas, ya que tenían fuertes lazos económicos con Irán, y éste era el principal suministrador de petróleo a la creciente industrialización china, en estos momentos vacilaban y eran más favorables al endurecimiento de medidas contra el nuevo Irán. La gran cuestión era ¿habría tiempo para parar definitivamente el programa iraní de rearme nuclear?.

Resultaba indiscutible que el pueblo iraní respaldaba masivamente la política dirigida en la sombra por Ali Jamenei y ejecutada por el Gobierno de Ahmadinejad.

De ello no cabía dudas cuando Mehdi recibió la orden de Harris de hacer lo posible e imposible para trasladarse a Washington, en consultas. En principio era altamente difícil hacerlo, pero se interpuso en su favor la iniciativa gubernamental de promover el turismo extranjero con la única excepción, naturalmente, de Estados Unidos e Israel. Propuso asistir entonces a la Feria Internacional de Turismo, la Fitur, que se celebraba en Madrid a principios del 2006, en la cual se quería ver la rentabilidad de un posible gran stand que promoviera el turismo a Irán. La idea atrajo al Ministro del ramo y, sin pérdida de tiempo, tomó el avión de Lufthansa que hacía el mayor número de vuelos entre Teherán y Frankfurt.

Al entrar en el avión respiró con alivio, por escapar unos días de la atmósfera opresiva de su país. Nada más despegar, el viajero iraní que llevaba en el asiento contiguo pidió a una azafata un vaso de whisky, y no cesó de beber vaso tras vaso hasta que el aparato aterrizó en Frankfurt. Suponía que su compañero debería de estar completamente borracho, pero feliz, como parecían igualmente satisfechas las mujeres que se habían desprendido rápidamente de sus velos negros, colocándose ricos pañuelos de seda al estilo francés. Pensó divertido en lo hipócritas que eran los comerciantes iraníes en cuanto se les daba la oportunidad de alejarse del mundo de los mullahs y ayatollahs, que parecía una pesadilla según iban alejándose físicamente de él.

Desde el aeropuerto llamó a Harris, que convino ir a buscarle al aeropuerto de Dallas en Washington y conducirle desde allí hasta el cuartel general de la CIA en Langley.

Ya en el salón de reuniones le presentaron al director de la CIA, Porter Goss, que le tendió cordialmente su mano.

-¡Qué joven es Vd, Mehdi?. Me han informado mucho sobre Vd, pero, ignoro por que, me lo imaginaba mayor de aspecto. Ni siquiera se molesta en llevar la barbita típica de sus compatriotas. Le agradezco mucho el trabajo que ha llevado a cabo por lo que respecta al tema del petróleo, y que nos ha demostrado una vez más la forma en que está utilizando el Gobierno iraní su petróleo como arma de financiación de sus aventuras militares, que no son muchas pero sí muy persistentes y peligrosas para los intereses americanos. Ahora le sirve para financiar el enorme costo del rearme nuclear que le permite aspirar a ser una gran potencia mundial. Demasiado, ¿no cree?.

-Así es, señor, pero yo he venido aquí para recibir instrucciones y quizá contribuir con algunas ideas propias a la discusión general de los temas que les importan. Sin embargo, quisiera ante todo que en Langley se me conozca por John y no por Mehdi, que en realidad es mi nombre desde el nacimiento, como Teherán es el lugar donde nací, sin que yo considere a Irán como mi patria ni el Islam como mi religión. Señor, antes de ir a mi misión me había convertido al cristianismo, y eso me ha servido mucho en momentos de aflicción y apuro, que han sido bastantes.

-Discúlpeme, pero ya conocía su verdadero nombre y su verdadera religión actual. Su expediente cubre muchos años. Ahora descanse en el hotel, para que luego hablemos con calma.

Cuando en la mañana siguiente le recogió un automóvil en la puerta del hotel que le habían asignado estaba repasando lo que pensó durante la noche para la reunión. Suponía que debería repetir ante los expertos lo que dijo a Porter Goss. Sin embargo, tuvo una gran sorpresa al ver que le conducían a un despacho distinto, donde había una mesa central redonda. Goss se retiró diciéndole que esperase un rato y unos minutos después regresó acompañando a un hombre de calvicie pronunciada, que contrastaba con el abundante cabello de Goss.

-Supongo que no me reconocerá, porque he sido nombrado el primer director de la inteligencia nacional el pasado mes de mayo, casi simultáneamente, pues, a la llegada al poder iraní del impetuoso y dogmático Mahmoud Ahmadinejad. Soy John Negroponte y con relativa frecuencia debo informar al Congreso sobre los problemas más candentes de la situación internacional. Crea que los senadores y demás congresistas me aprietan las clavijas cuanto pueden, aunque es menos de lo que desearían. Es muy difícil mantener el secreto de nuestras operaciones en el ámbito de un país donde la división de poderes está garantizada por la Constitución y por un delicado equilibrio de chequeos y competencias. Porter me ha informado sobre lo que han hablado y, aunque sea Vd técnicamente un joven y no experimentado agente de campo, por emplear nuestra terminología habitual, es tal la presión política que está ejerciéndose sobre el Gobierno desde que estalló la crisis iraní que quiero juzgar por mí mismo lo que dijo ayer.

Impresionado por la responsabilidad imprevista que estaba cayendo sobre él, Mehdi no tuvo inconveniente en memorizar y reiterar todo lo que había expuesto desde antes de emprender el viaje en Teherán.

Al terminar, Negroponte le pidió que resumiera sus puntos de vista sobre la situación en Irán.

-A mi juicio, lo que aquí llamamos halcones de la política controlan actualmente todas las principales ramas e instituciones de gobierno. Ahmadinejad no es más que el portavoz de lo que le autoriza el verdadero dictador de Irán, el Líder espiritual Ali Jamenei, el Consejo de Guardianes y los miembros del Gobierno que a su vez contribuyen a dirigirle. El liderazgo político se ha hecho más confiado en sí mismo y más agresivo que en cualquier otra época desde los primeros días de la República Islamica. El poder y los recursos de Teherán han aumentado en flecha por la subida de precios del petróleo que produce y exporta desde el Golfo Pérsico, y ello le ha facilitado formalizar grandes acuerdos comerciales con China y la India, que necesitan desesperadamente el crudo y el gas para su industrialización. Por ello, pienso que fracasarán todos los intentos que se hagan a fin de que India renuncie al oleoducto de 2.500 kilómetros que se quiere tender desde Irán, pasando incluso por el territorio de su rival Pakistán. Y China hará igual, del mismo modo que aceptará la competencia en los suministros del petróleo que Arabia Saudí quiere proporcionales desde la visita oficial del nuevo monarca. Por otra parte, es indudable que el aumento del precio de los crudos está financiando los esfuerzos iraníes para seguir adelante con los planes de enriquecimiento de uranio en su planta de Natanz y sabe Dios en cuántos más lugares hasta hoy secretos. Por lo que proclaman el presidente y sus Ministros, así como sus embajadores en todo el mundo, parece claro que Irán seguirá adelante con el proyecto de tener una bomba atómica en un futuro más o menos próximo. Por activa y pasiva están insistiendo en que cortarán toda cooperación con la Agencia Internacional de Energía Atómica si se cumplen las amenazas europeas de llevar el problema al Consejo de Seguridad de las Naciones Unidas y más aún si se adoptan allí medidas de bloqueo económico para aislar a Irán. Reiteran con cinismo que su investigación nuclear tiene por objetivo producir electricidad y usar la energía exclusivamente con fines pacíficos, cuando cualquier persona con un mínimo de cultura sabe que Irán es una de las mayores potencias petroleras del mundo y no necesita en absoluto la energía nuclear salvo con fines militares.

-Todo lo que dice es cierto, y no dudaré en utilizarlo para ayudar a que se conozca la dimensión del peligro que se está cerniendo sobre nuestra seguridad nacional. Esa central de Natanz fue cerrada por un acuerdo de noviembre de 2004 con Francia, Alemania y Gran Bretaña, que congelaba las actividades iraníes sobre enriquecimiento mientras se negociaba un paquete de incentivos económicos y políticos para Teherán. Hartos de esperar su recompensa, o más bien impacientes, el pasado mes abrió Irán una parte de la central para lo que llamaba objetivos de investigación, aunque de hecho tenía que llevar a cabo todo el proceso de tratamiento del material de uranio. Hasta hoy, los negociadores iraníes al mando de Ali Arijani intentaron conseguir del director de la Agencia Internacional El-Baradei que permitiera dejar la central abierta, aunque decían que no sería esencialmente operativa. Hemos conseguido de China y Rusia que presionaran a Teherán para evitar una crisis y cerrara de nuevo Natanz, pero todo indica que los esfuerzos conjuntos o aislados han fracasado e Irán sigue adelante, imperturbable. Soy, pues, muy pesimista sobre las posibilidades de que triunfe la diplomacia donde ha fracasado hasta ahora, pero me pregunto lo que podemos hacer en el terreno de la inteligencia para detener esta locura. ¿Qué opina?.

-No sé si me atreveré a hacer una sugerencia, señor. La sociedad iraní es enormemente compleja. He estudiado a fondo la historia del país desde los tiempos de los aqueménidas y he descubierto cosas asombrosas que subsisten desde el remoto pasado.

-¿Y cuáles son?. Yo no soy un historiador, sino un hombre que confía plenamente en sus analistas y colaboradores. Vd es hoy uno de ellos, así que ilústreme un poco, Sabiendo que yo lo contrastaré con otros historiadores que trabajan para nosotros en Estados Unidos.

-He seguido lo mejor posible cuánto se conoce sobre la vida de Zaratustra, pese a que no hay seguridad alguna de cuándo nació y vivió, ya que la leyenda lo remonta a tiempos inmemoriales y sólo nos ha dejado relatos sobre el modo en que murió asesinado y la parte principal de su pensamiento, el que traza el nombre de Ahura-Mezda como principio o Creador de todas las cosas, o lo que está escrito en los trozos del "Avesta" que han llegado a nosotros. Hasta ir a Teherán había oído hablar de Zaratustra por el famoso ensayo de Nietzsche o por los acordes de la música de Strauss con la que empieza la película "Odisea del espacio 2001" de Stanley Kubrik. Pero, no. Era un ignorante. Lo supe, y pude ahondar en ello, por un Guardián de la Revolución que se hizo amigo mío y me confesó que era uno de los 10.000 seguidores de las doctrinas de Zaratustra que hoy viven en Irán. Por este amigo pude conocer una ceremonia ritual de los fieles, teniendo una experiencia de magia que me impresionó de forma indeleble. La recuerdo, en efecto, como se hubiera ocurrido ayer.

-¡Escuche, Mehdi¡—interrumpió excitado Porter Goss. ¿No podía contactar con otros miembros de la comunidad zoroástrica de Irán y reclutar a dos o tres para que ayuden a impedir el holocausto de sangre y fuego que se aproxima si mantienen sus propósitos los clérigos de Ali Jamenei?.

Mehdi quedó en silencio durante varios minutos, sopesando la posibilidad de llevar a cabo la propuesta de Goss. Luego, se decidió.

-Nada se pierde con intentarlo. Se trata de hombres que siguen una doctrina absolutamente espiritual. Adoran el fuego como un elemento de vida. Para ellos no hay separación entre vida y muerte, porque todo es un ciclo inmutable, como si cada uno de nosotros no naciera nunca, ni muriera por consiguiente, al ser un universo que forma parte del universo real. En la existencia cotidiana lo único que cuenta es el amor, la bondad, porque es la entrega del yo inexistente a un semejante. De ahí la importancia de la magia, para conjurar a todas las sombras que nos entorpecen la visión de la verdad iluminada por el fuego. Sinceramente espero poder convencer a algunos para que me ayuden, pero no por dinero, ya que desdeñan los bienes materiales y, como mi amigo, viven pobremente. Lo harían para enfrentarse al horizonte de destrucción que se está planteando hoy al pueblo iraní, verdaderamente narcotizado por la ignorancia y por la educación que se impone en todas las escuelas. En resumen, lo intentaré. Si tengo suerte contaremos con unos colaboradores insuperables en el Gran Juego iraní. Tengo la impresión de que me ha tocado vivir, en diferente geografía, el Gran Juego que entusiasmaba a Kipling.

-¿Y a Vd no?—preguntó sonriendo Negroponte.

-Confieso que sí. Quizá se deba a que soy todavía muy joven y no he tenido tiempo de malearme.

-O de que le malearan—dijo Goss. Mañana le facilitaremos unos cuantos gadgets para tener una información indescifrable por los servicios secretos iraníes. Es necesario que tengamos un contacto regular desde ahora. Le daremos también los billetes de avión para ir a Madrid, a fin de que estudie Vd la Fitur, es decir, la Feria Internacional de Turismo en que le conviene estudiar un buen stand para fomentar el turismo a Irán. Ojalá que sea eso útil también a todos. Los servicios secretos muchas veces prestamos ayuda a causas honrosas que benefician a los ciudadanos corrientes, y su labor en Fitur y en el Ministerio iraní de Turismo es muestra de ello.

Un par de días más tarde se encontraba en Madrid visitando Fitur y entrevistándose con el Ministro consejero de la Embajada iraní en España, que le repitió como un loro cuanto iba diciendo la diplomacia de su país sobre la crisis nuclear. Después, tan pronto como diseñó un croquis del stand que pensaba proponer en Teherán y recabó información amplia sobre las expectativas del turismo hacia Irán que quizá cabría encaminarse desde España, Tomó un avión hacia Frankfurt, donde enlazó con el vuelo de Lufthansa que le condujo de regreso a Teherán.

Naturalmente, en cuanto volvió, el día siguiente al de su llegada, volvió al Ministerio de Turismo, teniendo la desagradable noticia de que su valedor, el Subsecretario, había sido destituído dentro de la remodelación gubernamental que estaba llevando a cabo Ahmadinejad. Calculaba, sin embargo, y no se equivocó, que no habría interés de extender la purga hasta un escalón administrativo relativamente modesto, como era el suyo, y sobre todo por la carta de triunfo del dominio del inglés que le había hecho ingresar y prosperar en el Ministerio de Petróleo. Se dijo que, en el peor de los casos, encontraría ubicación en la burocracia estatal, y resolvió dedicarse sin prisas a la misión que le habían encargado en Washington.

No le costó trabajo reencontrar a Shirin, que seguía alojado en el modesto apartamento que conocía. Shirin se alegró de verle y pasaron horas mientras Mehdi le contaba sus andanzas en el Ministerio de Petróleos y en el Ministerio de Turismo, incluídos sus desplazamientos al Golfo Pérsico y a Madrid, Shirin le informó sobre los progresos que hacía su joven hermano en los estudios, agradeciendo a Mehdi la ayuda económica que continuaba haciendo.

-No tiene ninguna importancia esa ayuda. Ya sabes que no era pobre cuando os conocí y menos lo soy ahora, al estar bien empleado en el Gobierno. Probablemente gano más que tú. Además, Násir es un chico muy inteligente, y se abrirá paso cuando tenga un título académico. Irán necesita tener muchos profesionales buenos. En cuanto a ti, no sé cómo puedo corresponder a la ayuda que me has prestado dándome conocimientos inimaginados antes.

-El mundo actual habla continuamente de conocimientos y de cultura, sin darse cuenta de que si llamamos eso a acumular un gran número de datos nos convertimos en unas simples máquinas sin almas. Yo prefiero ser un cazador de almas, y valoro mi conciencia y mi espíritu mucho más que los datos acumulados en el estudio. Te lo he demostrado.

-Así es, Shirin, y no lo olvidaré nunca. Por eso, no comprendo cómo puedes soportar el contacto habitual con los Guardianes de la Revolución compañeros tuyos, teniendo la posibilidad de tratar a tus correligionarios en la religión de Zaratustra.

Shirin quedó en silencio, pensativo, como si estuviera dudando en sincerarse de nuevo con Mehdi.

-Lo peor es, Mehdi, que, por el tiempo transcurrido, me están ofreciendo puestos ya importantes en las fuerzas armadas de los Guardianes de la Revolución. Porque no olvides que los Guardianes somos más fuertes militarmente que el propio ejército, sometido a nosotros, y políticamente somos la auténtica espina dorsal de la República Islamica. Tendré que decírtelo, porque tú eres un burócrata que no puede hacerme daño y además eres mi amigo—continuó. Me han ofrecido ser comandante de unidad en la guardia personal del Líder espiritual de la Revolución, de Ali Jamnei. ¡Que ironía¡. Por mis creencias religiosas no quería poder alguno, y ahora voy a encontrarme en los aledaños del poder supremo, asistiendo de cerca a todos los avatares de una época tan turbulenta como ésta.

-Acéptalo. ¿Qué es ello ante la fuerza interior que te da la relación con tus correligionarios?. Yo lo que tú, estaría contento. Además, se me ocurre que puedo aprovechar la ocasión para pedirte algo.

-Díme lo que quieres. Como amigo y como generoso protector de un hermano, sabes que, si está en mi mano, puedes contar con ese favor.

-Lo vengo pensando desde que me diste la oportunidad de participar en aquella ceremonia ritual en tu pequeño templo escondido. Me dejaste tan conmovido que ahora no puedo conformarme con ser un simple burócrata,

Como tú tampoco querrías conformarte con formar parte de la elite armada. En fin, te agradecería en el alma que me presentaras a dos o tres correligionarios que fueran fervientes discípulos de Zaratustra, para que fueran mis amigos y me transmitieran su fe.

-No debo poner inconvenientes a ello. ¿Cómo crees que podemos hacerlo?.

-En mi opinión, dentro de dos o tres días podríamos reunirnos en esta casa, para después hacerlo regularmente en la mía. Tengo sitio sobrado para habilitar un ala entera. Además, es menos arriesgado para ti y es más plausible en la casa de un funcionario de Turismo interesado en promover el estudio de la antigua Persia, que es un atractivo enorme para los visitantes que deseamos traer aquí. De la antigua Persia y, por qué no, de Zaratustra.

De aquel sencillo modo quedó constituída la semilla de lo que debía ser una célula iraní encaminada a la promoción de la antigua Persia y a la reivindicación de unos valores religiosos enraizados en los siglos que precedieron al Irán moderno.

PARTE II

EN LA SENDA DE ZARATUSTRA

El 4 de febrero del año 2006, las calles de Teherán estaban llenas de crespones negros y banderas negras. Los niños desfilaban a través del Cementerio de los Mártires con bandas en sus frentes que llevaban el nombre de Hussein y los almacenes vendrían cadenas metálicas a los muchos fieles que se flagelaban la espalda. Todo formaba parte del período de luto nacional en conmemoración por la muerte del Imán Hussein, nieto del profeta Muhammad, durante una batalla que tuvo lugar hacía unos 1.500 años en la actual ciudad iraquí de Karbala.

Aquella derrota militar consolidó la división entre los que se convertirían en las dos principales ramas del Islam, los chíies y los sunníes. Ahora, cuando Iran era el único país chií en el mundo, desde que en junio del 2005 había llegado al poder Ahmadinejad, el Gobierno estaba intentando unir bajo su mando a unir a todos los árabes musulmanes, cuya vasta mayoría era de sunníes, atrayéndoles a luchar en una única bandera del Islam contra los enemigos comunes, Israel y el Occidente.

Era muy difícil la empresa después de siglos de desconfianza entre las dos sectas. Además, una profunda sima separaba las culturas árabe y persa, y un sentimiento general de rechazo se percibía en los líderes árabes, que veían al Irán post-revolucionario instigar las querellas dentro de sus propias fronteras.

Un miembro del Consejo Shura de Arabia Saudí, Muhammad Abdullah al-Zulfa decía que, como parte del área del Golfo no querían ver a Irán como la gran potencia del Golfo, y no deseaban verla poseer armamento nuclear, porque sería una enorme amenaza a la estabilidad de todo el área del Golfo y a todo el mundo árabe. Por supuesto, a Irán le gustaría unirse al Consejo de Cooperación del Golfo, la suma de los Estados del Golfo Pérsico que intenta armonizar su política económica, pero sus líderes no estaban dispuestos a permitir la entrada de Irán, porque su poder económico era inmensamente superior al de los otros miembros.

Según el Gobierno iraní mantenía una agresiva política exterior de confrontación, estaba intentado de hecho transformarse en una superpotencia regional, para llenar el vacío dejado por el colapso del nacionalismo árabe y por la ausencia de cualquier poder dominante. Mientras los Estados Unidos y Europa confiaban que, al acabar de conseguir por votación de la Agencia Internacional de Energía Atómica que el problema nuclear iraní fuera llevado al Consejo de Seguridad de la ONU y ello ayudara a domar a Irán, los gobernantes iraníes veían en la presión internacional contra ellos una forma de añadir credenciales favorables entre los musulmanes árabes.

El Líder supremo de Irán, Ali Jamenei, dijo recientemente en una ceremonia de entrega de diplomas a celebridades iraníes, que la República

Islamica de Irán es hoy el eje de una identidad internacional que se funda en la fe religiosa y desafía a las arrogancias globales.

Sin embargo, muchos árabes no compartían aquella postura. Para ellos, Irán estaba usando su determinación de lograr poder nuclear como un medio de rehacer la balanza de poderes en el Próximo Oriente, integrándose a sí misma en las políticas de seguridad de sus vecinos árabes y terminando el aislamiento de ellos que había marcado el período transcurrido desde la victoria de Jomeini hacía un cuarto de siglo. Los líderes sunníes musulmanes temían que Irán les llevara a una esfera de influencia suya que comprendiera Irak, Siria, Líbano, Gaza. Muchas personas del mundo árabe eran eco de las palabras del rey Abdullah II de Jordania, que expresaba su preocupación porque Irán estaba tratando de imponer su creciente influencia en la región. El portavoz de la Hermandad Musulmana de Egipto, Essam el-Erian, apoyaba a la oposición del rey jordano al creciente iraní y comentaba: "Si Irán desarrolla un poder nuclear, será un gran desastre porque ya ahora apoya a Hezbollah en el Líbano, Hamas en Palestina, Siria e Irak. Entonces, ¿qué es lo que queda?".

Sobre la cuestión de la confrontación con Israel y Occidente, la retórica iraní había resonado antes al igual que los musulmanes normales. Además, Irán había financiado a los movimientos no chiíes como Hamas, una criatura de los Hermanos Musulmanes de Egipto que pide luchar para que Jerusalén pase a control Islamico. Y desde que la Revolución Islamica triunfó en Irán en 1979, un fuego de movimientos Islamicos prendió en toda la región, dándola un sentido de posibilidad de triunfar, fueran chips o sunníes. Ahora, con el Presidente Mahmoud Ahmadinejad fustigando a Estados Unidos y Europa, pidiendo que Israel fuera barrido del mapa y asegurando que el Holocausto nunca había sucedido—sino que había sido un invento, para evitar que el estado judío se implantara en Europa, llevándolo entonces a tierra palestina—los musulmanes de la calle, desde los taxistas en Marruecos hasta los barrenderos de calle en El Cairo, dicen que ellos son como ese hombre de Teherán y que su voluntad es confrontarse de forma dura, superando el sentido de derrota y cólera que les consumía.

El problema para Ahmadinejad es que, así como Estados Unidos ven el nuevo Irán como una amenaza, muchos gobernantes lo ven como una amenaza mayor para ellos, y para su fe. El jeque Abdel al-Mawada, representante del Parlamento de Bahrein, era muy claro al respecto: "Si Irán actuase como un poder Islamico, justo Islam sin chiísmo, entonces los árabes lo aceptarían como un poder Islamico regional. Pero si viene a nosotros con un programa chií y con un poder chií, entonces no tendrá éxito y será poderoso pero despreciado y odiado".

La idea de que el mundo árabe está unificado siempre ha sido puesto en duda cuando los gobernantes se reúnen en la Liga Arabe, como un grupo de interés supuestamente fundado para ayudar a dar unidad, pero en lugar de ello pone de relieve las diferentes agendas entre las naciones. Lo mismo pasa al sugerir que hay un mundo Islamico cuyo vínculo de fe unifica a la comunidad de musulmanes con una serie de objetivos comunes sociales, políticos y económicos. Más complicado sería aún incluir a Irán, donde el mayor grupo étnico es persa.

Por el momento, Irán estaba encontrando sus mejores oportunidades extendiendo su influencia en las áreas que están en conflicto con Estados Unidos. Desde el colapso del Gobierno de Sadam Hussein, la influencia de Irán en Irak había aumentado considerablemente. El Gobierno iraní creía que el proceso electoral del año 2005 en Irak estaba destinado a crear un Gobierno de predominio chií que automáticamente se alineaba con Teherán. En Líbano, Irán tenía lazos estrechos con Hezbollah, el grupo militante convertido en partido político encaminado a expulsar a Israel del sur del país.

Irán tenía también un fuerte aliado en Siria, que estaba a su vez sujeta a una investigación de las Naciones Unidas por el asesinato del primer ministro libanés Rafia Hariti, y cuya capital política, Damasco, tenía oficinas de Hamas, la Jihad Islamica y otros grupos terroristas conjurados para luchar contra Israel.

De todas las bazas que jugaba Irán, la más importante era la de Irak. Mientras una insurgencia feroz estaba combatiendo contra la ocupación americana, estaba con ella configurándose una batalla entre la minoría sunní iraquí y la mayoría demográfica chií. Estaba costando muchas vidas y ahora los sunnníes vigilaban estrechamente que la influencia de Irán no afectase a sus propias vidas. El jeque al-Mawada del Parlamento de Bahrain dijo que Irak era la prueba de fuego para Irán, quien ha de elegir entre probar que es un poder Islamico o un poder chií persa. Aunque Irán tenía ventaja en Irak, los sunníes no la aceptaban y no se estaban quietos. No, estaba demostrado que los sunníes no se mantendrían inmóviles mientras Irán querían imponer su carácter persa o chií."

Tal era la situación del Gran Juego en que se había inmerso Mehdi como espectador y, quizá, como colaborador en el encauzamiento del explosivo estado de cosas que se había creado en el Próximo Oriente cuando llegó a Teherán y se embarcó a fondo en el conocimiento de la política iraní dentro de sus fronteras. No podía, no debía, abstraerse de lo que sucedía fuera de las fronteras del país. Los jóvenes esquiaban en las laderas cercanas a Teherán, escuchando en sus auriculares la música de Madonna, de Michael Jackson o del cantante más celebrado de Irán, y parecían estar ajenos a la fiebre política de los mullahs que ahora lideraba un Presidente a menudo objeto de bromas por sus frecuentes salidas de tono. Pero aquellos mismos jóvenes se ponían serios y compartían lo que decía Ahmadinejad o Ali Jamenei, convencidos de que Irán tenía un legítimo derecho a poseer la bomba atómica, como la tenían Pakistán, India, China y los grandes poderes occidentales. Persia no debía renunciar al sueño milenario de configurar los destinos de Asia.

En el pequeño grupo que convocó Shirin en la casa de Mehdi, con quien congenió éste rápidamente era un joven iraní llamado Hamid Reza, que destacaba por su erudición, extraña por su juventud, y por la espiritualidad.

Tenían materias sobradas para incitar al cambio de impresiones porque, fuera de ellos, las calles de Teherán eran cada vez más peligrosas por la oleada de manifestaciones que el Gobierno promovía para ir robusteciendo su política de respuesta a las presiones que estaba ejerciendo Occidente para impedir la continuación del proceso de enriquecimiento de uranio en la planta de Natanz.

A principios del mes de febrero del 2005 surgió un hecho inesperado que parecía interponerse en la negociación nuclear. Un periódico danés había publicado en el mes de septiembre anterior unas caricaturas del profeta Muhammad, a quien habían pintado con un turbante en forma de bomba. Acababa de reproducirse cuando se desató una reacción imprevista que dejó estupefactos a los diplomáticos occidentales. El Gobierno de Arabia Saudí retiró a su embajada de Copenhague y prohibió la compra de productos daneses. En Damasco, una muchedumbre asaltó en el mismo día las embajadas de Dinamarca, Noruega y Suecia. En Beirut, otra muchedumbre se encaminó al consulado de Dinamarca y le prendió fuego, sin que afortunadamente hubiera nadie dentro, ya que el Gobierno danés había dado orden a todos sus diplomáticos de que evacuaran sus edificios. El Ministro del Interior libanés dimitió por haber fracasado las fuerzas de seguridad en la misión de proteger a los diplomáticos extranjeros, pero varios ministros hicieron conocer su opinión de que todo había sido orquestado por instigación de Siria, lo cual fue corroborado por los servicios de inteligencia americanos. El Presidente Bush, que al principio se había mostrado proclive a recomendar que la libertad de expresión no se confundiera con la falta de respeto a todas las religiones, visto el cariz que estaba tomando el problema declaró a través de su portavoz que su país condenaba todas las formas de violencia, y veía la mano oculta de un país enemigo que no cesaba de enfrentarse solapadamente a los intereses occidentales. Sin embargo, no pasaba día sin que se produjeran disturbios semejantes, desde Argelia hasta Afganistán, un país donde se produjeron los primeros muertos al repelerse por la policía afgana un intento de asalto a una sede de la Unión Europea. Muy pronto pasaron a ser 11 las víctimas de la cólera de personas que eran manipuladas por una propaganda de odio hacia todos los valores de Occidente, a quien se culpaba de hacer la guerra a los principios del Islam. Teherán fue uno de los primeros sitios que aplicaron las consignas de los Gobiernos deseosos de magnificar la importancia de las viñetas de un periódico desconocido hasta entonces. Así, el 5 de febrero, un grupo de más de 400 personas se agolparon ante la embajada de Dinamarca cantando "muerte a Dinamarca" y "muerte a Israel", por aquello de que, en cualquier asunto, Israel debía ser objeto de la ira popular. Incluso entre los musulmanes de la India y en Indonesia se registraban manifestaciones en la misma dirección.

-He oído en una radio británica que el Islam no está dando pruebas, precisamente, de ser una religión tolerante y pacífica. Y hay muchos líderes religiosos musulmanes que coinciden en hacer llamamientos a la calma y proclamar que esta violencia desatada nada tiene que ver con los preceptos Islamicos—dijo Mehdí a Hamidi. ¿Crees lo mismo?.

-He sido testigo directo del asalto a la embajada de Dinamarca, y he visto hasta qué punto las fuerzas de seguridad adoptaban una actitud pasiva viendo a la gente saltar por encima de las verjas y penetrar en el edificio, provocando pequeños incendios, que pudieron ser controlados. Antes, en realidad eran mayoría de niños y adolescentes los que apedreaban y cantaban a voz en grito sus consignas. Desde luego, coincido con los que dicen que toda esta furia demencial que recorre el mundo musulmán no hace más que desprestigiarle y dañar a su fe. Ninguna religión puede apoyarse en la doctrina del odio, desde el principio de la Historia. Personalmente me siento desolado, como persa y como hombre. Esto es una vergüenza.

-Coincido contigo en que ninguna religión ha sido un mensaje de odio, y me parece que incluso el Islam no tiene por eje de su doctrina la enseñanza de la agresión y la muerte de los infieles. Al menos, quiero creerlo así, porque es necesario que todos ayudemos a que no se extienda por el mundo la idea de que es inevitable un choque de civilizaciones de indefinida duración. Hay algunos políticos occidentales interesados en defender, como si fuera invento de ellos, la iniciativa de la Alianza de Civilizaciones, creyendo que las aparentes bendiciones de Kofi Annan y del ansioso Gobierno turco son suficientes para ocultar la impresión que causan en la opinión pública de los pueblos la ola de terrorismo que está sacudiendo el planeta bajo la instigación de los islamistas radicales. Es curioso: parecen ignorar lo que ha sucedido y sucede en sus propios países, que han sido víctimas de ataques masivos que han producido cientos de víctimas y aún ahora están siendo el punto de acogida de numerosas células terroristas Islamicas que reclutan gente para inmolarse en tierras lejanas luchando contra Estados Unidos. Esos mismos suicidas no tendrán inconveniente en repetir masacres como las que ocurrieron en las Torres Gemelas, en Madrid en marzo del año 2004 y en Londres en julio del 2005.

-Para mí, lo que está sucediendo en Irán desde la implantación de la República Islamica por Jomeini está en contradicción completa con el pasado del país, cuando fuimos la gran Persia en la que se fueron acumulando dinastías que traían una cultura maravillosa. En el terreno religioso, nada de hoy puede compararse a la grandeza de las doctrinas que reformó el gran Zaratustra. Como discípulo suyo, tengo la convicción de que pronto advendrá el saoshyant, el salvador. Zaratustra dijo que nacerá después de tres milenios, para la victoria final de sus creencias. Y si consideras que Zaratustra nació alrededor del año 700 a. de Cristo, verás que falta poco para el advenimiento anunciado.

-Quizás no equivoquemos en esa esperanza, Hamid. Piensa que Zaratustra fue el reformador de una religión muy anterior a él. El inicio de esa religión se pierde en el tiempo, siendo inmemorial. Posiblemente la esencia de ella forme parte de una religión primordial, de la cual han nacido todas las religiones subsistentes ahora, incluídas las monoteístas como el judaísmo, la cristiandad y el Islam. Se diría que, así como el universo no tiene principio conocido ni fin calculable, cada ser humano tiene un alma preexistente a su nacimiento, que se funde con la esencia del universo y que, en definitiva, tiene como fundamento el amor, equivalente al Dios que todos adoramos, por difícil que sea acceder a su conocimiento.

-Prefiero atenerme, Mehdi, a mi maestro Zaratustra y a sus enseñanzas en el "Avesta" tal como ha llegado a nosotros. En su lenguaje, Dios es Ahura-Mazda, como Creador, toda sabiduría y toda pureza; es la ley misma del mundo, y la sabiduría se define por el fuego que tiene como símbolo. De ahí que Zaratustra rezaba ante Atar, el fuego, como imagen de Ahura-Mazda, cuando un soldado invasor entró en su templo y le mató. Se dice que tenía 77 años cuando murió, es decir, 44 más que Cristo, y un decenio más que Muhammad. En verdad, los profetas no han vivido mucho, sin duda mucho menos que los fundadores de la Humanidad según el libro del Génesis en la Biblia.

-De ellos han muerto apaciblemente Buda y Muhammad, pero Jesús, como el primer descendiente de Adán, Abel, murieron violentamente, como Zaratustra. La vida es una tragedia en general, un filósofo moderno ha llegado a decir que el mundo y el hombre son un desastre. Posiblemente se deba a ello que Zaratustra hablara tanto de la importancia de los daeva, de los genios maléficos o demonios, para contraponerlos a la bondad infinita de Ahura-Mazda.

-La idea de los demonios, Hamid, como lo opuesto a Dios, está en todas las religiones, desde el cristianismo hasta el hinduismo. Es la antigua teoría griega de los opuestos, la lucha eterna entre el bien y el mal, la esperanza del cielo y la amenaza del infierno, lo que se contrapone en todos los aspectos de la vida, enseñando que cualquier cosa tiene su cara y su cruz, lo alto que se inclina hacia lo bajo y viceversa, según la doctrina de Lao Tsé en el Tao Te Ching.

-Shirin me ha enseñado la parte principal de la doctrina reformista de Zaratustra, y se lo agradezco. Antes de que me hablara, yo tenía la impresión de que Zaratustra era una especie de mago, un alquimista quizás, un astrólogo, un especialista en ocultismo. Pero las ciencias ocultas tienen algo siniestro, que no pueden llenar nuestro espíritu siempre sediento de la ignota verdad. Un canadiense, Ross King, escribió una obra extraña, "Ex—libris", donde relata la obsesión de Rodolfo II, emperador del Sacro Imperio Romano, por poseer una biblioteca insuperable de libros relativos a ciencias ocultas. Tengo la sensación de que todo ello es insano, no conduce a nada bueno para el alma, que es mi mayor tesoro. Prefiero mil veces buscar lo que una oración cristiana define como paz inexpresable, al ser algo tan inefable y maravilloso que la mente carece de palabras para describirlo. Sí, paz inexpresable.

-Veo que, en efecto, Shirin ha sabido introducirte bien en la doctrina de Zaratustra. Ahora, sería recomendable que completes su estudio con el de la historia de Persia, de la que somos herederos, y que incluso el Irán actual querría reivindicar públicamente como plataforma de su expansión. Piensa que el mazdeísmo de Zaratustra era ya la doctrina oficial de todo el país durante la dinastía de los aqueménidas. Pero Persia ha sido mucho más que aquella dinastía. Antes hemos absorbido el helenismo que trajo la invasión y el triunfo de Alejandro Magno. Después hemos sufrido el azote de la invasión de los mongoles, que arrasaron todo el Asia. Después ya llegaron los musulmanes de Omar para acabar el sueño de los antiguos persas que, sin embargo, les asimilaron. No es extraño que el último de la dinastía de los Pahlevi celebrara el 2.500 aniversario de la fundación de Persia y que, ahora mismo, el mayor obstáculo que encuentra Ahmadinejad para dominar el mundo árabe y se erija en único representante fiel del Islam consiste en la resistencia de los pueblos árabes a dejarse mandar por un país que sigue siendo persa para ellos. No va a conseguir esa dominación, porque es falso que el Irán contemporáneo sea un heredero fiel de la Persia milenaria. Es gracioso que un soberano occidentalizado y jefe de una burocracia corrompida, como fue el último de los Shah Pahlevi esté derrotando en la sombra a los sucesores del hombre que le destronó y le condenó al exilio de por vida. Son las contradicciones de la existencia cotidiana, que nos golpea con el realismo y descarta los planes utópicos que los hombres se empeñan en trazar siempre.

-Sin duda, el saoshyant no será un hombre zafio como Ahmadinejad ni un tirano como Ali Jamenei ni su cohorte de mullahs y ayotollahs. Será el libertador que merecen los pueblos musulmanes, después de tantos siglos de derrota y humillación. Este sentimiento derrotista les está minando y no ven la forma de superarlo, en buena parte porque Occidente ha tomado una delantera científica y tecnológica que no podrán remontar nunca. Es ya imposible. Cualquier estadística podría demostrarlo. Basta comparar el número de patentes que registran los diversos Estados, la acumulación de capital en ellos y su distribución entre los diferentes estratos sociales, el gasto en armamento que hace impensable enfrentarse en este siglo a la superioridad militar de la única superpotencia, para comprender que durante el presente siglo la toma de decisiones corresponde a Estados Unidos.

-Estoy de acuerdo, Mehdi, y entiendo que tu conocimiento mayor de la realidad norteamericana y mundial actual es irrebatible para mí. Sin embargo, creo que estás olvidando algo fundamental para definir la marcha de la historia futura: la cultura, la creatividad espiritual. Y en eso, Estados Unidos no es la superpotencia indiscutible. He aquí donde aparece la gran baza de Persia, procedente de su propia historia y de la riqueza de la civilización que ha ido construyendo.

En verdad estaban hablando con demasiada tranquilidad, considerando los tumultuosos sucesos que ocurrían fuera de la casa.

La furia sobre las caricaturas del profeta se cobró la octava víctima el día 7 durante las coléricas manifestaciones que tuvieron lugar en Afganistán, mientras las Autoridades de la Unión Europea expresaban su preocupación de que Irán, crecientemente aislada en la reivindicación de su programa nuclear, estaba intentando explotar la crisis para unir al mundo musulmán contra Occidente.

El Presidente Bush llamó al primer ministro de Dinamarca, Anders Fogh Rasmussen sobre la cólera desatada entre los musulmanes, mientras un periódico estatal iraní decía que estaba organizando un concurso de caricaturas sobre el holocausto, en tanto que los radicales Islamicos indonesios decían que iban a la caza de daneses en las calles.

En Afganistán, los manifestantes armados con rifles de asalto y granadas atacaron a una base de la OTAN en la ciudad de Maymana en el oeste del país. Cuatro de ellos fueron muertos y por lo menos 22 heridos cuando las fuerzas de seguridad dispararon contra los manifestantes y utilizaron gas lacrimógeno para dispersarlos. Los manifestantes se apoderaron de siete fusiles de la policía. Un soldado noruego resultó herido por la metralla de una granada, y otro herido por una pedrada. En Kabul, los policías utilizaron porras contra los manifestantes que tiraban piedras contra las oficinas de la misión danesa. También, una turba de 3.000 manifestantes apedrearon edificios gubernamentales y una base de soldados de pacificación italianos en la ciudad de Herat en el noroeste, mientras que 5.000 personas chocaban con la policía en la ciudad de Pulikhumri, al norte de Kabul.

Dirigentes políticos y diplomáticos de todo el mundo procuraban utilizar la diplomacia para difuminar el conflicto. Bush expresó al primer ministro de Dinamarca su apoyo y solidaridad, coincidiendo ambos en que todos debían recurrir al diálogo y la tolerancia, no a la violencia. Otros destacados líderes occidentales llamaron a Rasmussen del mismo modo. El primer ministro llamó a la cólera sobre las caricaturas una creciente crisis global y apeló a que los musulmanes de todo el mundo mostraran moderación. "Es una situación muy desagradable para los daneses—dijo. No estamos acostumbrados a esto." Añadió que la cultura de Dinamarca en materia de libertad de expresión significaba que el Gobierno no podía disculparse por lo que un periódico independiente había hecho.

Desgraciadamente, el periódico iraní controlado por el Gobierno decía que la convocatoria de un concurso internacional de caricaturas sobre el holocausto comprobaría si Occidente aplicaría los mismos standards a las descripciones del genocidio nazi que los aplicados a las caricaturas de Muhammad.

Ali Ansari, un experto de Próximo Oriente en el Instituto Real de Asuntos Internacionales en Londres decía que Irán estaba utilizando la crisis de las viñetas para agitar las pasiones Islamicas domésticas en tanto se mostraba como el campeón del mundo musulmán. Añadía que la crisis había sido secuestrada por los militantes Islamicos en Irán, Siria, Líbano, Gaza para favorecer sus propósitos políticos internos. Lo que estaban viendo en los grupos militantes locales era utilizar las caricaturas como una excusa para la violencia.

Hablando al personal de la Fuerza Aérea Iraní, el líder supremo de Irán Ali Jamenei proclamó que la publicación de las caricaturas era una conspiración israelí motivada por la ira ante la victoria de Hamas en las elecciones palestinas el pasado mes. Parecía imposible una insensatez mayor en un responsable político de su talla.

No tenía nada de extraño, pues, lo que manifestaba un diplomático de alto rango de Austria, país que tenía entonces la presidencia rotatoria de la

Unión Europea, pidiendo que su nombre se mantuviera en el anonimato por temor a alienar a los musulmanes residentes en su región. Dijo que la Unión estaba crecientemente preocupada de que Irán, aislada internacionalmente en su fracaso por asegurar su programa nuclear, estaba explotando la furia por las caricaturas para presentarse como la voz dirigente en el mundo musulmán. "Irán está incrementando la tensión y tratando de convertirse en la vanguardia de los musulmanes en todo el mundo, en tanto se ve marginada en el tema nuclear".

Las Autoridades austriacas dijeron que Austria estaba realizando una diplomacia agresiva en la sombra para diluir las tensiones sobre las caricaturas. La Ministra de Asuntos Exteriores, Ursula Plasnik había ordenado a las embajadas austriacas en 20 países, incluyendo las de Irán, Argelia y Pakistán, que visitaran a los Ministros de Asuntos Exteriores respectivos y obtuvieran de ellos la garantía de que la seguridad de los ciudadanos de la Unión Europea sería respetada. El lunes 6 había convocado al embajador iraní en Viena, Seyed Mohsen Nabavi para expresarle lo mismo.

No obstante, las mismas fuentes decían que Irán mostraba poca inclinación a rebajar la crisis. Así, el martes 7 anunció que suspendería todos los lazos económicos y comerciales con Dinamarca, e impediría que los productos daneses entraran en el país. El Ministro de Comercio iraní, Masoud Mirkazemi declaró en la radio estatal que todos los contratos y negociaciones con Compañías danesas serían suspendidas y se subirían todos los impuestos sobre los barcos daneses fondeados en puertos iraníes. Un portavoz de la Union Europea, Johannes Laitenberger, dijo que el boicot de los productos europeos daba base para tomar pasos similares contra Irán, pero los funcionarios de la UE admitían en privado que muy poco podía hacerse para sancionar a Irán, dado que no es un miembro de la Organización Mundial de Comercio. Además, el comercio de la UE con Irán era sustancial, con el bloque exportando por valor de unos 12.000 millones anuales a Irán, mientras que Irán exportaba sólo unos 8 millones en mercancías, la mayor parte productos petrolíferos. Las exportaciones danesas a Irán eran un total de 235 millones al año.

Conforme las protestas Islamicas crecían contra la publicación en Europa de caricaturas ridiculizando al profeta Muhammad, un pequeño movimiento activista en Bélgica, Países Bajos y Dinamarca respondía con un dibujo en su web mostrando a Hitler en la cama con Ana Frank diciendo que lo escribiera en su diario.

Más en serio se había producido un conflicto sobre caricaturas que habían empujado a ambas partes a un umbral inesperado en el cual se miraban una a otra con incomprensión y sospecha. Timothy Garton Ash, un profesor de

Oxford de historia de Europa decía: "Esto me hace sentir que estamos en un momento de definición. Es un momento de estallido entre Europa y el Islam, un momento extraordinariamente peligroso que puede llevar a una espiral hacia abajo de percepción mutua, y no precisamente entre los extremistas. Algunos europeos han empezado a darse cuenta de que unas minorías relativamente pequeñas—el 3 % de la población de Gran Bretaña, el 4 en Dinamarca y alrededor del 5 en el conjunto de la Unión Europea—poseen un poder aún no descubierto sobre el mundo Islamico. Hay héroes desde Arabia al Norte de África e Indonesia, que están dispuestos a ir a las barricadas para defender la dignidad del profeta.

Para muchas personas en Europa, las caricaturas habían precipitado un profundo debate sobre la libertad de expresión y los supuestos dobles raseros que afectan a musulmanes y cristianos en muchos niveles en Europa. Para otros, la expansión de las protestas significaban un endurecimiento de los extremos que dejaba poco espacio a las voces moderadas. "El musulmán moderado ha sido de nuevo eficazmente silenciado" dijo Tabish Khalz, un profesor de inglés en la Universidad de Aarhus en Dinamarca. Durante décadas, las naciones europeas han luchado con un flujo de inmigrantes que vinieron por razones económicas y políticas de tierras donde el Islam es la fe predominante. Sin embargo, muchos inmigrantes musulmanes sentían que nunca habían sido bienvenidos. Pero el catálogo del terror islamista, desde los atentados de Estados Unidos en el 2001, en Madrid en 2004 y en Londres en 2005 han sacudido a los Gobiernos y sociedades que distinguían entre los moderados y extremistas tales como los 4 musulmanes nacidos en Gran Bretaña que se suicidaron y mataron a otras 52 personas en el metro londinense. Ostensiblemente, según Garton Ash, el choque ha puesto dos series de valores—libertad de expresión y multiculturalismo, demandados por poblaciones de inmigrantes inicialmente vistos como mano de obra temporal en los años 1960 pero convertidos en permanente y en continuo crecimiento.

Pero más allá de eso, había un agudo resentimiento entre musulmanes que se sienten tratados como ciudadanos de segunda categoría y terroristas potenciales en tierras donde se niega la importancia de su religión, incluso cuando el número de musulmanes alcanza los 1.100 millones y posiblemente mucho más.

Había una conciencia generalizada en Europa de que su estado de bienestar era el anfitrión de una minoría no bienvenida que no comparte sus valores y hasta representa una quinta columna de insurgentes potenciales que se ven como víctimas de islamofobia y discriminación en viviendas, empleo y status social.

"Los radicales no quieren un acuerdo, no quieren sentarse a una mesa para discutir—dijo con acierto un agente de seguros en Berlín—Lo que ellos quieren es extender sus creencias Islamicas en todo el mundo".

Esta aprensión general vio su eco en un editorial del periódico holandés NRC Handelsblad que decía: "En América, poca gente cree que tengan que vivir de acuerdo con las normas del Islam. En Europa, con una minoría musulmana grande y creciente hay un creciente miedo a que la demanda de respeto oculte otra agenda: la amenaza de que todos debemos ajustarnos a las reglas del Islam". El mismo periódico añadía: "En épocas tempranas de la Historia europea, una pequeña disputa religiosa podía conducir a guerras a gran o pequeña escala. La inmigración musulmana ha echado atrás a Europa, a los conflictos religiosos del pasado".

La explicación de la contínua agitación de los países Islamicos por las caricaturas de Muhammad en un periódico danés había llevado a un debate sobre la libertad de prensa y la descripción del Islam en áreas que proyectaban duros problemas nuevos, posiblemente mayores para Europa que para Estados Unidos. "Hay algo más que las caricaturas", dijo el Ministro danés de Asuntos Exteriores Per Stig Moller. Hay fuerzas que quieren una confrontación entre nuestras culturas. Siria ha sido acusada de estar detrás de las invasiones por muchedumbres de las embajadas danesas en Damasco y Beirut, y está el caso del ataque a la embajada de Dinamarca en Teheran, un lugar donde la violencia no apunta espontáneamente a las misiones diplomáticas.

Esto ha llevado a enfocar de nuevo la valoración de los hechos. Los Gobiernos occidentales inicialmente tentados a confinar el problema danés a una discusión manejable sobre la justificada sensibilidad del Islam y la justificada preocupación de la prensa occidental por su libertad habían sido ahora rebasados por la ahora patente implicación de los Gobiernos Islamicos en la violencia dirigida contra los daneses y otros europeos.

Estaban surgiendo dos interpretaciones diferentes de lo que pasaba:

Primera, que los ataques son una advertencia directa a Europa de Irán, Siria y los extremistas Islamicos sobre las consecuencias que tendría el endurecimiento de posiciones al llevar el tema del armamento nuclear de Irán a las Naciones Unidas, y al rechazar que considere al recientemente elegido partido de Hamas como legítimo interlocutor palestino.

Segunda, en un sentido general más allá de las caricaturas, se está haciendo un intento para forzar a Dinamarca a pedir perdón, dejando claros los límites del trato con el Islam. Esta línea argumenta que Dinamarca ha sido elegida como el país europeo que más activamente ha insistido en que sus inmigrantes del Próximo Oriente demuestran la compatibilidad con la tradición humanista europea.

La cronología de los acontecimientos mostraba la pertinencia de estos razonamientos. Ahora bien, el Gobierno de centro-derecha danés, de Anders Fogh Rasmussen, mientras trataba de evitar la confrontación, decía en privado a sus amigos que ahora creía que no sólo ellos sino también la sociedad y la soberanía de Europa estaban siendo los objetivos del Islam. Una advertencia política específica a Europa había sido hecha por Olivier Roy, un respetado analista francés de Irán y el Próximo Oriente. Aludiendo a la declaración de Chirac con la amenaza de actuación nuclear contra los terroristas y Estados de acogida, la dura postura francesa en Siria por su papel desestabilizador del Líbano y la postura de rechazo a las ambiciones nucleares de Irán y las ambiciones de Hamas, decía: "Hay una nueva tendencia. Antes podía afirmarse que los Estados Unidos eran intervencionistas y Europa neutralista. Ahora hay un mensaje a Europa: no reemplaces a los americanos, Dinamarca es atacada porque representa a Europa y lo han hecho porque Dinamarca es pequeña. Lo que hay es un deseo real de venganza".

En Dinamarca, algunos imanes han hablado de reconciliación, pero cuando hablan en árabe y en estaciones de radio árabes siempre incitan a la violencia.

Con 8 manifestantes muertos esa semana en Afganistán—como en Irak, las tropas danesas estaban presentes—las explicaciones reales de lo que tenía lugar iban más allá de torpes caricaturas primeramente publicadas en un país conocido como reserva de buena fortuna y buena forma de ser. Ahora, eran muy débiles las oportunidades de traer la crisis a un final creíble simplemente por medio de declaraciones acerca de una voluntad común de tolerancia.

El miércoles 8 de febrero, la Secretaria de Estado Condolezza Rice acusó a Siria e Irán de utilizar deliberadamente la disputa sobre las caricaturas del profeta para incitar a la violencia en provecho de sus intereses, mientras que un general norteamericano decía que varios países estaban intentando determinar si los radicales Islamicos estaban orquestando las manifestaciones anti-occidentales.

Con el rey Abdullah de Jordania, que estaba en visita oficial a Washington, el presidente Bush de nuevo intentaba calmar la cólera de los manifestantes diciendo que era hora de que la violencia terminase. Más cauteloso, en la conferencia de prensa conjunta, Bush decía que ambos rechazaban la violencia como el camino para expresar descontento con lo que pudiera ser impreso en la prensa libre. Abdullah iba más lejos diciendo que, obviamente, todo lo que injuriase al profeta Muhammad, la paz estuviera con él, atacaba la sensibilidad musulmana y debía ser condenado. Pero al mismo tiempo, los que quieren protestar deberían hacerlo juiciosamente, articuladamente y pacíficamente. La violencia, concluía, era completamente inaceptable.

El general Yonts, un portavoz militar en Afganistán, decía que no había pruebas de un vínculo de Al-Qaeda o de los talibanes en las manifestaciones que tenían lugar en Afganistán, pero Washington estaba investigando si había una amenaza común en las manifestaciones en el Próximo Oriente y en Asia. Se trataba de ver si se estaba ante pequeñas manifestaciones o si había un lazo, una infraestructura, una conexión.

Bush, Abdullah y Rice hablaban horas después de que muriesen cuatro personas más en Afganistán, cuando una multitud congregada frente a una base militar de Estados Unidos provocaba con sus agresiones que disparasen contra ella, ascendiendo así a 12 las personas muertas desde que empezaron los disturbios en el país.

Los mejores analistas coincidían en que el trabajo diplomático en la sombra podía ayudar a difuminar la violencia más que las declaraciones de condena. "Nadie en el mundo musulmán está especialmente interesado en lo que el presidente Bush diga sobre esto—decía Alterman, un antiguo experto del Departamento de Estado sobre Próximo Orient—Busca señales de sus líderes políticos y religiosos, siendo poco eficaz la diplomacia".

Por otra parte, el manejo del problema por Bush estaba facilitado por el hecho de que pocos periódicos americanos habían publicado las caricaturas, habiendo sido muy limitadas las protestas de los musulmanes del país. El único periódico importante que había impreso alguna caricatura era el Philadelphia Enquirer, pero la Associated Press no había distribuído las caricaturas en Estados Unidos y su editor ejecutivo dijo que la agencia no distribuye un contenido que es ofensivo, salvo en raras ocasiones.

Desde luego, el miércoles ya había un creciente coro de líderes occidentales que intentaban calmar la furia, aunque la violencia continuaba inflamando el Próximo Oriente y Asia, aumentando el total de víctimas. El Presidente Chirac y el Presidente Putin coincidían así en declaraciones de petición de calma, y el canciller austriaco denunciaba la espiral de recíprocas provocaciones e insultos. Sin embargo, todas las exhortaciones parecían no surtir efecto en las masas de musulmanes. La cólera del mundo musulmán aumentó cuando se extendió la noticia de que un semanario satírico francés había vuelto a imprimir las 12 caricaturas, añadiendo otras de su propia cosecha. Este semanario, "Charlie Hebdo" lo hacía pese a un esfuerzo de que el Consejo Francés de la Fe Musulmana había tratado de impedirlo por la vía judicial. Chirac lo condenó como una obvia provocación declarando que la libertad de expresión debe ser ejercida con un espíritu de responsabilidad. Menos de tres meses después de las revueltas en los barrios de las afueras de París de mayoría musulmana se producían las nuevas incitaciones, que causaban la alarma justificada de la Union de Asociaciones Musulmanas. Su presidente Mahmoud Henche decía que el mejor camino para evitar la violencia es dar al pueblo una poderosa salida a su cólera. Su organización, que representa a 9 mezquitas y 14 organizaciones en el Departamento Seine-Saint Denis había empezado a recoger firmas para pedir una ley que prohíba la islamofobia así como el racismo y el anti-semitismo. También planeaba una acción legal contra el semanario satírico—que había tenido un enorme éxito de ventas, agotándose su primera edición en pocas horas—por lo que describía como una incitación al odio, y estaba organizando una marcha de protesta por el centro de Paris el sábado 11, confiando que participaran en ella políticos y líderes de otras religiones.

De acuerdo con el portavoz de la principal mezquita de Paris, había sido simbólicamente muy importante para los 6 millones de ciudadanos musulmanes de Francia que el Jefe del Estado criticara las provocaciones.

Para algunos observadores, pese a conocer el texto de las pancartas que llevaría la marcha organizada, existía el riesgo de que aquello degenerara en choques violentos. Henche señalaba que para minimizar el riesgo se iba a pedir a los manifestantes que llevaran a sus familias y portearan banderas francesas. "Esto es un mensaje subliminal a los jóvenes de los suburbios, pidiéndoles que permanezcan tranquilos". No obstante, el director de la principal mezquita de la ciudad de Lille decía que había una enorme cólera en su comunidad y no excluía que hubiera una explosión.

Frente a todas las amenazas, los importantes periódicos franceses Le Monde, Libération y France-Soir habían publicado algunas caricaturas como muestra de solidaridad con el periódico danés Jyllands-Posten, origen de todas las manifestaciones

En paralelo a aquella crisis internacional absurda estaba agravándose el problema potencial creado por la victoria del grupo terrorista Hamas en las elecciones generales de Palestina. Su jefe político exilado en Damasco, Jalel Mashaal advertía al presidente Mahmoud Abbas el mismo miércoles que no se atreviera a hacer cambios en el Gobierno—es decir, a constituir Gobierno nuevo—sin consultar antes con Hamas. Al mismo tiempo declaraba que Hamas no se doblegaría ante la presión internacional para reconocer a Israel. Esta dura actitud se afirmaba después de una visita de tres días a Egipto, la primera que hacía para buscar el apoyo árabe después de su victoria electoral. Antes de las conversaciones, Autoridades egipcias habían dicho que pedirían a Hamas que reconociera a Israel y renunciara a la violencia, para impedir el colapso del proceso de paz y se constituyera un Gobierno de coalición con miembros moderados del partido Fatah defendido por Abbas. Pero Mashaad y otros líderes de Hamas estaban confiados en su fuerza, ofreciendo como máximo una continuación de la tregua existente desde hacía un año. Ahora bien, un grupo más pequeño, la Jihad Islamica declaraba al mismo tiempo que seguiría adelante en sus ataques a Israel, dijera lo que dijera Hamas. La Hijad era responsable de los seis ataques suicidas cometidos en Israel desde que las facciones palestinas acordaron un alto el fuego hacía un año. Simultáneamente, Hamas declaraba que eran ilegítimos cuantos decretos y actos hiciera Abbas. Se trataba de una reacción ante los informes de que Abbas trataba de mantener el control de las fuerzas de seguridad, nombrando a su actual Ministro del Interior como vicecomandante de dichas fuerzas. Según la ley interna vigente, como Presidente la Autoridad Palestina Abbas era responsable de la inteligencia exterior y de la defensa nacional, mientras que el primer ministro a ser nombrado tras las elecciones llevaría la seguridad interna, la policía y la defensa civil.

Después de su visita a Egipto, la delegación de Hamas proyectaba continuar su viaje a Qatar, Arabia Saudí e Irán.

Mashaal dijo que Hamas no renunciaría a la violencia ni actuaría para parar ataques a Israel, porque estaba obligada a resistir frente a lo que consideraba ocupación israelí de tierra palestina. Hamas tenía la obligación de dirigir la larga lucha de los palestinos, que aguantarían mejor que Israel. "No condenaremos ninguna operación y nunca arrestaremos a un guerrero santo". Horas antes había declarado a la BBC que un cese el fuego de larga duración era posible si el Estado judío se retiraba a sus fronteras de 1967. Por consiguiente, el frente del conflicto árabe-israelí iba a sostenerse favoreciendo los intereses expansionistas de Irán, que había financiado largo tiempo a Hamas, al igual que a los chiíes de Irak y a Hezbollah en el Líbano.

Los problemas más acuciantes para Irán no eran la continuación de la política nuclear que amenazaba marginarle en el mundo, ni por supuesto el aprovechamiento coyuntural de la crisis de las caricaturas del profeta. Más urgente e importante era lo que ocurriera con el petróleo, que era la principal fuente de ingresos del país y el soporte de la financiación de todos los movimientos de dominación del mundo musulmán.

David Howell, un antiguo Secretario de Estado británico para la Energía y portavoz sobre asuntos internacionales del partido conservador en la Cámara de los Lores, junto a Carol Nakble, profesora de investigación energética en la Universidad de Surrey, publicaron el 9 de febrero en el "Internacional Herald

Tribune" un artículo extenso dando las gracias a Irán por el recordatorio que había hecho su política petrolífera. Aseguraban que el presidente Mahmoud Ahmadinejad había hecho más para que siguiera adelante la revolución verde que una docena de discursos presidenciales. Al poner el temor de Allah en los mercados del petróleo, los iraníes habían hecho posible un gran paso para liberarse de los combustibles fósiles con la inversión en alternativas, en tecnologías de bajo consumo de energía y en técnicas de conservación de gran eficacia para superar lo que Bush llamaba la adicción al petróleo. La última vez ninguna de estas cosas sucedió. Los precios del petróleo realmente explotaron a fines de los 70 y a principios de los 80, ocasionando que las esperanzas en un futuro más limpio y verde cayeran en el polvo. El 20 de noviembre de 1985, el precio del barril de crudo Brent alcanzó los 42.50 dólares (95 a los precios actuales). Este fue y sigue siendo el precio más alto en la historia del petróleo. Sin embargo, cuatro semanas después el precio cayó a 10 dólares. Los gurus y los economistas de las compañías, que habían previsto entre 90 y 120 dólares el barril, plegaron sus tiendas y se marcharon. El precio barato volvió.

Esta vez podemos ser más afortunados todavía. Justo cuando los precios del petróleo empezaba a enfriarse después de los grandes saltos de los pasados 18 meses, y cuando se predice que la producción en el año 2006 rebasará a la demanda y los depósitos de petróleo volverán a apilarse, viene Ahmadinejad con su determinación a desafiar a América y a Occidente, y con su amenaza de sabotear los mercados del petróleo si sus planes nucleares son amenazados En palabras del máximo negociador iraní, "si estos países utilizan sus medios para presionar a Irán, Irán utilizará su potencial en la región". Este potencial no debe ser subestimado. Irán, el segundo exportador mundial de petróleo, es capaz de hacer estragos en los mercados de energía. No es cuestión de cortar la producción, según ha asegurado en la OPEC. Si se ven sometidos a una presión real, los iraníes son perfectamente capaces de bloquear o minar los estrechos de Ormuz, en la entrada del Golfo. Mientras la aviación occidental puede revolotear en torno a las instalaciones nucleares de Irán bien dispersadas y bien protegidas, los iraníes pueden infligir a la economía mundial un enorme daño disminuyendo entre 15 y 18 millones de barriles diarios la producción mundial de petróleo. Pero es Ahmadinejad quien consigue el primer premio por hacer que llegue antes la era verde, y que la utilización del gas como arma política de presión rusa sobre Ucrania ha enseñado que si el petróleo no es fiable y es muy caro, las tuberías de gas no son mejores y el cambio de la adicción al petróleo por la adicción al gas no es una buena solución. Al final, naturalmente, si los mullahs no pueden controlarle, Ahmadinejad arruinará a su país y empobrecerá a su pueblo. Pero ha demostrado al mundo que la continuación de la dependencia del petróleo y del gas representa una sucesión de sorpresas desagradables. Es ahora más obvio que nunca que las grandes inversiones en alternativas, en la energía nuclear y en las tecnologías de ahorro de energía serán altamente deseables para el medio ambiente y representará algo muy beneficioso en materia de costo y de seguridad del suministro. Así, Sr. Ahmadinejad, gracias por su lección tan valiosa.

Nada tiene de extraño que el mejor periódico de Singapur dijera el mismo día que la decisión adoptada por la OPEC la última semana de mantener produciendo petróleo a su mayor nivel en 25 años era responsable y oportuna. Quizás la OPEC actuó sensatamente porque podía permitírselo. Estos días, cuando la OPEC habla de bajar precios, significa un mínimo de 50 dólares el barril, mucho mejor que los precios considerados justos hace un par de años. Además, la OPEC está segura de mantener sus altos precios mientras Irán lucha por realizar su objetivo nuclear. Claro que el presidente iraní ha dicho que si se adoptaban sanciones contra su país, enviaría los precios del petróleo más allá del nivel que los países industrializados podrían soportar.

Por su parte, los países árabes del Golfo Pérsico temían el potencial de Irán políticamente, con o sin capacidad nuclear. Pero ellos y sus clientes—especialmente los de Asia, que son mucho más dependientes del petróleo del Golfo que América, las preocupaciones políticas americanas puedan ser una amenaza mayor a la región de lo que es Irán. En su discurso sobre el Estado de la Unión, Bush habló de la necesidad de América de reducir su dependencia de las importaciones de energía. Lo no dicho es que quería reducir la dependencia de los suministradores del Próximo Oriente. Mientras tanto, pocos en Washington descartaban una acción militar contra Irán.

Se asumía que los Estados Unidos están en el Golfo para proteger los suministros de petróleo y los intereses de sus compañías petroleras. Pero la dependencia del petróleo del Golfo es baja. Estados Unidos importa el 60 % del petróleo que consumo, pero sólo el 20% de él—12 por ciento de la demanda total—viene del Golfo. Incluso Europa depende sólo el 30 % del Golfo. En comparación, Japón, Corea del Sur y Taiwán importa todo su petróleo, del cual el 80 % va del Golfo. China importa el 35 %, del cual el 60 % va del Golfo. Se calcula que las exportaciones a China e India crecerán entre el 8 y el 10 por ciento al año.

El jueves 9, las primeras informaciones indicaban con optimismo que la mayoría de las ciudades mediterráneas no habían registrado manifestaciones, pareciendo que el fervor por la publicación de las caricaturas que ridiculizaban al profeta Muhammad estaba despareciendo. Sin embargo, Beirut era la excepción. Miles de manifestantes chíies durante una manifestación celebrada en la periferia sur de la ciudad, acudiendo a la llamada del grupo terrorista libanés Hezbollah, gritaban su fidelidad a Muhammad. Bajo una intensa lluvia, hombres y mujeres vestidos de negro, en su mayoría jóvenes, desfilaban blandiendo banderas de Hezbollah, el Partido de Dios. "Nos expresamos hoy con palabras y con esta manifestación contra los agravios. Pero, que lo sepa todo el mundo, estamos preparados para verter nuestra sangre para defender a nuestro profeta", amenazó el jeque Hassan Nasrala al final de la concentración. Ovacionado por la multitud, reclamó las disculpas por la publicación en varios periódicos por los dibujos que la mayoría de los musulmanes consideraban insultantes. Y pidió "una legislación europea que prohíba a los medios de comunicación atacar al profeta, una ley que prohíba los atentados contra las religiones y sus valores sagrados". "Muerte a Israel, muerte a Estados Unidos. Profeta de Dios, estamos a tu servicio" coreaba la multitud concentrada en las afueras de la capital, estimada por una televisión afín a Hezbollah en 800.000 personas, cifra que la policía reducía a la mitad. La gigantesca manifestación coincidió con la Ashura, la conmemoración de la muerte del Imán Hussein en la batalla de Kerbala. Durante su discurso, Nasrala instó al mundo árabe y musulmán a ser solidario con los palestinos y sirios frente a las presiones internacionales, con el pueblo iraquí que trata de decidir su propio destino, y con Irán, que "tiene derecho a desarrollar sus capacidades, entre ellas la nuclear".

Pese al tono agresivo de su intervención, el líder integrista libanés pidió disculpas por los incidentes del pasado domingo en el barrio cristiano de Achrafieh de Beirut, donde manifestantes encolerizados quemaron el consulado de Dinamarca y atacaron iglesias, propiedades privadas, comercios, bancos y vehículos.

En Ciudad del Cabo, decenas de miles de musulmanes se manifestaron pacíficamente para protestar por las caricaturas de Muhammad. Los organizadores de la marcha pidieron disculpas del Gobierno de Copenhague por las viñetas y pidieron el boicot de todos los productos daneses. El Consejo Judicial Musulmán entregó al embajador danés en la ciudad una nota en que denunciaba que el periódico danés había llevado la libertad de expresión hasta un límite peligroso, irresponsable e inaceptable.

También en Indonesia tuvo lugar en Yakarta una multitudinaria manifestación en protesta por la publicación de las viñetas. Sin embargo, los líderes musulmanes insistían también en refrenar cualquier violencia. "Debe haber fuego en vuestros corazones, pero vuestra cabeza debe permanecer fría", aconsejaba a la multitud Din Syamsudin, líder de Mohamadiya, el mayor grupo musulmán del país, con 30 millones de militantes.

A lo largo de la jornada también se produjeron marchas de protesta en Bangladesh, Cachermira y Azerbaiyán, que en todo caso transcurrieron de forma pacífica. En España, un líder musulmán en Barcelona decía que si había manifestaciones terminarían en forma violenta, porque la comunidad estaba muy dolida, siendo lo más probable que se limiten a una oración en un lugar cerrado, aunque repetía que les estaba costando trabajo frenar a la gente.

Evidentemente ese jueves todo indicaba que estaba terminando el impulso de violencia desatada de los días anteriores, aún cuando quedaba como test lo que sucediera el ´dia sagrado musulmán, el viernes, cuando al menos una gran protesta se preparaba en Marruecos. Los líderes religiosos musulmanes y los periódicos habían estado llamando constantemente a la calma, temiendo que las agresiones desencadenadas en las dos semanas reforzaran una imagen negativa del Islam en Occidente, que obviamente ya existía. Muchos en el Próximo Oriente veían con pesar el lanzamiento de piedras, la quema de banderas y los ataques a las embajadas. "Malo es que nos hayan etiquetado de terroristas, decía con acierto un joven estudiante saudí, pero peor es que nos pongan una segunda etiqueta, la de salvajes.

Algunos—incluyendo Gobiernos, líderes religiosos y periodistas-han intentado poner frenos al ultraje, incluso sintiendo que los musulmanes tienen razón para encolerizarse. "Cometieron un crimen cuando violaron la santidad de nuestro profeta—decía un destacado islamista egipcio en un foro celebrado el miércoles en El Cairo por la Hermandad Musulmana—pero si incendiamos sus embajadas, como ha sucedido en Siria y Líbano, estamos respondiendo a su crimen con otro crimen".

El parlamento kuwaití reclamó contención diciendo que los actos irresponsables emanados por la emoción mostrada por los musulmanes, parecen agresividad y destructividad. El máximo líder político chií en Irak, Aziz al-Hakim dijo que sólo podía haber protestas pacíficas. Y el embajador saudí en Estados Unidos, el príncipe Turki al-Faisal, dijo en Dallas que la violencia no ayuda en nada y es además innecesaria en muchos casos. Dijo que "nuestro profeta fue insultado y sufrió violencia cuando predicaba su mensaje a los idólatras y no creyentes, contestando a la violencia con el perdón". Claro es que Turki no estaba en condiciones de medirse con los conocedores expertos en el Corán y la vida y hazañas del guerrero Muhammad.

Por supuesto, cuantos se esforzaban por rebajar las tensiones debían hacer frente también no a noticias sino a rumores disparatados, como el de que los daneses preparaban una manifestación para quemar el Corán. Cosa que no ocurrió

En Dinamarca, preguntado el jueves si los daneses se sentían abandonados por los aliados durante las semanas de crisis con el mundo Islamico, el primer ministro Rasmussen los intentos de otros por aprovecharse comercialmente a costa de Dinamarca le habían llegado al corazón. Cubrió a la administración Bush y a otros aliados de Dinamarca en la OTAN respecto de las acusaciones de que habían sido tardíos y supercautelosos en su defensa, diciendo que Irán y Siria habían estado buscando ventajas de las 12 caricaturas publicadas en un periódico danés. Cansado después de reconocer que había tenido una semana difícil, dijo en una entrevista en su despacho que los intentos de varias compañías europeas por disociarse de Dinamarca y de los productos daneses eran algo desdichado. En realidad todos comprendieron que se refería a las compañías asociadas con el gigante suizo de alimentos Nestlé y a la cadena francesa de supermercados Carrefour. La industria danesa calculaba que había perdido más de 55 millones de dólares desde que había empezado la furia en el Próximo Oriente. Del mismo modo rechazó cualquier sugerencia de que la falta estaba en las políticas danesas que piden a los inmigrantes acomodarse a la tradición danesa. "Veo una tendencia muy clara de otros países europeos a ir en nuestra tradición". Preguntado si creía que el parlamento danés mantendría las tropas en Irak y Afganistán respondió que la situación era igual y ellos no habían cambiado. Refiriéndose a los aliados dijo: "Es crucial para Dinamarca sentir un apoyo fuerte cuando lo necesita", La crisis de las caricaturas había sido secuestrada por los países del Próximo Oriente que las utilizaban para sus propios fines. Irán, aislado en su programa nuclear, estaba utilizando las viñetas para generar apoyo del mundo musulmán, mientras Siria, sometida a investigación por el asesinato del primer ministro libanés estaba tratando de crear una distracción. Y la Autoridad Palestina, dividida sobre la reciente elección de los representantes de Hamas, estaba explotando la crisis para unir a sus dispares elementos. "Los extremistas religiosos quieren desestabilizar la situación en la región entera". Rasmussen dijo también que los aliados occidentales habían sido lentos en entender la magnitud de la crisis. "Creo que hemos empezado a comprenderlo sólo durante el fin de semana", pero los aliados entienden ahora cuanto hay más en juego que la propiedad de 12 caricaturas.". Evitó todo comentario sobre una declaración hecha el miércoles por el presidente Putin de que Dinamarca debía pedir perdón por la publicación de las viñetas, o el llamamiento hecho el jueves por un líder de Hezbollah de que los musulmanes no descansarían hasta que Dinamarca no se disculpara. La crisis sería discutida por una reunión de los ministros de la OTAN el viernes en Sicilia, pero Dinamarca no esperaba ninguna declaración final al respecto. Rasmussen dijo creer que el Islam era compatible con la democracia, pero arguyó que incumbía a los inmigantes musulmanes en Dinamarca y en Europa en general abrazar los valores liberales de sus países de adopción. "Dinamarca es un país liberal. Creemos en la libertad individual. La gente puede vivir conforme a sus propias costumbres. Sin embargo, pienso que tenemos que insistir en respetar nuestros valores básicos, incluyendo la libertad de expresión, la igualdad entre hombres y mujeres, haciendo una clara distinción entre la política y la religión." Rasmussen dijo que la percepción de Dinamarca en el mundo musulmán había sido distorsionada por falsedades extendidas a través de mensajes de Internet y móviles a través del Próximo Oriente. En particular, el Gobierno danés estaba re-evaluando sus relaciones con los líderes musulmanes locales que viajaron al Próximo Oriente en diciembre y habían promovido las tensiones enseñando las caricaturas a líderes religiosos, incluyendo caricaturas que mostraban a Muhammad como un cerdo, cosa que nunca había aparecido en la prensa danesa. Finalizó diciendo que la crisis había despertado a Dinamarca sobre las implicaciones de trabajar en un mundo globalizado. Pero no creía que se alterase la vida de un país de 4,5 millones de habitantes. "El efecto no será una Dinamarca más mirando a sí misma. "Permanecerán los valores básicos sobre los que hemos construido nuestra sociedad.".

Haciendo historia de cómo se había ido gestando la crisis desde que Arabia Saudí retiró su embajador de Copenhague el 26 de enero, seguida por Libia, los clérigos saudíes empezaron a pedir un boicot, y al cabo de un día los productos daneses estaban retirados de las estanterías de los supermercados. El problema de las caricaturas llegó a un momento crítico en el mundo musulmán debido a la ira por la ocupación de Irak y la sensación de que los musulmanes estaban asediados.

Los buenos resultados en las elecciones de islamistas en Egipto y la victoria de Hamas en Palestina dio un nuevo empujón al movimiento Islamico en la región. El jeque Mohammed Abu Zaid, un iman de la ciudad libanesa de Saida, dijo que había empezado a oir cosas sobre las caricaturas por varios amigos palestinos que habían visitado Dinamarca, pero hizo poco caso. "Honestamente, no me parecía ser importante, dijo comparando los dibujos con los que se habían hecho de Jesús en países cristianos. Pensé que era típico de aquellos países. Después, empezó a oir que los embajadores de los países árabes habían intentado reunirse con el primer ministro de Dinamarca y que habían sido menospreciados, por lo cual comenzó a sentir de modo diferente. Es bonito decir que esta es nuestra libertad, nuestra manera de pensar. Pero empezamos a creer que su libertad es algo que nos daña. En la última semaa, Abu Zaid oyó de una marcha planeada contra el Consulado danés en Beirut, y decidió unirse a ella. Con otros 600 tomó autobuses preparados. Al cabo de una hora desde la llegada, algunos manifestantes—ninguno de su pueblo, insiste—se pusieron violentos y empezaron a atacar el edificio. Justo dos días después un ataque similar ocurrió a las embajadas de Dinamarca y Noruega en Damasco. ·En la manifestación, creo que el 99 % de la gente era buena y pacífica, pero pude escuchar a otra gente decir: "No queremos manifestarnos pacíficamente, lo que queremos es incendiar" concluyó el jeque, describiendo una forma habitual en la génesis y desarrollo de las manifestaciones.

Volviendo al tema candente de Hamas, una organización financiada por Irán y que esperaba suscitar la ayuda de Rusia, habitual en Irán, el jueves 9 de febrero estuvo el presidente ruso Putin en Madrid e hizo una declaración sorprendente al decir que estaba considerando invitar a líderes de Hamas para que visitaran Moscú y hablaran sobre la estrategia más conveniente a seguir en Palestina. Frente a quienes insistían en recordar a Hamas como organización terrorista, Putin dijo en una rueda de prensa conjunta con el primer ministro español : "Estoy profundamente convencido de que quemar puentes en política es una cosa fácil de hacer, pero carece de futuro. Conservando nuestros contactos con Hamas estamos preparados para unas conversaciones en Moscú. Hamas respondió favorablemente en el acto. Ismail Haniya, un líder de Hamas que si recibían una invitación oficial a visitar Rusia, visitarían Rusia. Sin embargo, las autoridades israelíes dijeron que la oferta de Putin estaba en conflicto con las negociaciones que Rusia ya había aceptado como miembro del llamado cuarteto sobre el proceso de paz en Palestina, que incluye a Estados Unidos, la Unión Europea y las Naciones Unidas. El portavoz del Ministerio de Asuntos Exteriores de Israel Mark Regev. "Israel apoya la postura del cuarteto, del cual Rusia es miembro de pleno derecho. Pero el cuarteto ha dejado claro que Hamas no puede ser un legítimo participante en el diálogo político a no ser que, uno, reconozca a Israel, dos que abandone el terrorismo, y tres que acepte los acuerdos firmados entre Israel y la Autoridad Palestina".

Rusia adopta un doble rasero. De una parte llama a Hamas a Moscú, siendo culpable de la muerte de personas inocentes. Cuando gente inocente muere en Rusia, Putin lo llama terrorismo, pero cuando una bomba estalla en Jerusalén y muere gente inocente, Rusia adopta otra postura.

En la conferencia de prensa con Zapatero, ambos denunciaron la violencia generada por la publicación de caricaturas del profeta Muhammad, pidiendo Putin a los Gobiernos de los países musulmanes que controlen la situación y eviten nuevos brotes. Sobre el Próximo Oriente, Zapatero rechazó endosar la decisión de Putin de invitar a Hamas a Moscú, diciendo que deploraba el uso de la violencia por el grupo, pero animó a Putin a tomar un papel activo en la región.

La crisis de las caricaturas en último término tuvo como resultado positivo una revisión de las relaciones entre el Islam y Occidente.

El Presidente de Indonesia, Susilo Bambang Yudhoyono escribía en un artículo que desde los ataques terroristas del 11 de septiembre de 2001 muchos países del mundo occidental han mostrado un creciente interés en el Islam. Sin embargo, este interés no ha estado acompañado por un mayor conocimiento y entendimiento del Islam. En diciembre del pasado año, la cumbre de la Organización de la Conferencia Islamica reunida en La Meca lamentaba los "sentimientos de estigmatización y preocupación sobre el fenómeno creciente de islamofobia en el mundo, como forma de racismo y discriminación. Por ello, los mundos Islamico y occidental pueden trabajar juntos para madurar una cultura global de respeto y tolerancia. La comunidad internacional no debe salir de la crisis de las caricaturas rota y dividida. Necesitamos construir más puentes entre religiones, civilizaciones y culturas. Los líderes gubernamentales, las figuras religiosas y los ciudadanos ordinarios pueden ir más allá de apoyar la libertad religiosa, ya que pueden expresar solidaridad con los que defienden la integridad de su fe. Los musulmanes a través de todo el mundo tienen también responsabilidades. Nadie encontrará nada mejor si desciende al conflicto abierto y al derramamiento de sangre. El mejor camino para los musulmanes es luchar contra la intolerancia y la ignorancia hacia el Islam, dirigiéndose incansablemente a los no musulmanes para que acepten que el Islam es una religión pacífica. Nosotros tenemos también que perdonar a los que sinceramente han pedido disculpas por ofender al Islam. Verdaderamente, en este difícil momento los musulmanes pueden emular al profeta Muhammad en sus cualidades bien conocidas de tratar la adversidad con compostura, juicio sano, magnanimidad y benevolenia.

Era innegable que el Presidente de Indonesia, con su lenguaje aparentemente pacifista estaba haciendo lo que en lenguaje vulgar se llama arrimar el ascua a la sardina propia. Conforme a su criterio, la violencia desatada exclusivamente en el mundo musulmán debía ser respondida pidiendo perdón a los que la habían predicado con actos realmente terroristas.

Una forma de abordar la división innegable a que se refería el presidente indonesio fue la adoptada por el gran ensayista Thomas L. Friedman, cuyo ensayo "La Tierra es plana" seguía siendo uno de los mayores "best-sellers" de Estados Unidos al cabo de 44 semanas de aparecer en la lista del New York Times. En un artículo extenso decía que el mundo se encuentra hoy en una peligrosísima línea divisoria. Es la línea en el mundo posterior a la Guerra Fria que hemos conocido desde 1989, el año de la caída del Muro de Berlín; de un lado un mundo de expansión de democracia y mercados libres, y otro de post-post Guerra Fría todavía desconocido pero que tiende a un mundo menos estable, próspero y benigno. Friedman creía que los problemas principales de ese posible mundo post-post Guerra Fría se reducen a dos: cómo la India, China y Rusia tratan las ambiciones nucleares de Irán, y como Occidente, especialmente Estados Unidos, tratan con un petróleo a 60 dólares barril. Si Irán consigue una bomba nuclear, Arabia Saudí, Egipto y posiblemente otros estados árabes sunníes están condenados a seguirla. Los árabes sunníes pueden despreocuparse de la bomba de Israel, pero no pueden aceptar que los chiíes persas tengan la bomba y ellos no. Entonces veríamos el derrumbamiento de todo el régimen global de no proliferación nuclear. Un mundo con tantos poderes nucleares, especialmente en su región primariamente petrolera, sólo puede ser un lugar más peligrosos e inestable, comparado con el mundo posterior a la Guerra Fría. Imaginemos a Irán con el barril a 60 dólares haciendo todo el mal que quiera y ocultando su armamento nuclear a salvo de cualquier ofensiva. Para saber lo que sucedería escuchemos al venenoso presidente Ahmoud Ahmadinejad. Según decía "The Guardin" hace días, dijo: nuestros enemigos no pueden hacer nada contra nosotros. No os necesitamos, pero vosotros necesitáis a la nación iraní. Por eso quiero que Estados Unidos comparta poder con China, India y Rusia, ya que representan a la mitad de la Humanidad, mirando entonces a los ojos de Irán y le digan que incurrirán en todas las sanciones de las Naciones Unidas si fabrican una bomba atómica. Eso traería la atención de Teheran. Pero si regímenes como los de Irán, Venezuela, Siria, Myanmar, Sudan y Nigeria tienen los beneficios de 10 años de petróleo a 60 dólares el barril, la ola democrática que el presidente Bush piensa estar desencadenando quedaría anulada. Los peores regímenes del mundo tendrán el mayor poder para apoyar las más regresivas políticas políticas y religiosas. Por supuesto, Friedman no aprobaba las caricaturas del periódico danés, pero aprobaba aún menos los esfuerzos para intimidar a los medios de comunicación del mundo, una intimidación que cínicamente habían incendiado Irán, Siria y sus aliados teocráticos. ¿Qué puede suceder con unos pocos años más de 60 dólares el barril?. Pues veríamos un arco radical desde Irán hasta Siria, desde Hezbollah hasta Hamas—todos financiados por Irán—intimidando también a todos los moderados en el mundo musulmán. Denme un barril a 30 dólares y le daré un régimen iraní mucho menos amenazador, un Irán mucho más vinculado al mundo para poder crear puestos de trabajo a su creciente población.

El conocido periodista Roger Cohen publicó un artículo con el título de "Algo está podrido, pero no en Dinamarca". Decía que con su población en bicicleta, sus granjas de leche y su fábrica de Lego, Dinamarca nunca había sido un Estado odiado. Si después de cuatro meses de gestación global había nacido una conflagración por el tema de las caricaturas, ello era prueba de que lo que estaba podrido era el estado del mundo. Naturalmente, los problemas derivados de los insultos hechos al profeta Muhammad no eran nada nuevo en el Islam político que hoy está en efervescencia otra vez. Fue precisamente esta acusación por la que en 1989 el escritor Salman Rushdie mereció la fatwa del ayatollah Jomenei, que pidió a todos los musulmanes celosos matarle. Ahora, el hecho de que una docena de caricaturas publicadas en un periódico danés el 30 de septiembre del 2005 haya llevado a una docena de muertes en Afganistán, la quema de la embajada danesa en Damasco, las manifestaciones en Gaza y el llamamiento a la calma por la Casa Blanca significa la cólera creciente entre Occidente y el mundo Islamico.

Sí, cólera. Las sociedades occidentales están crecientemente exasperadas viendo la perpetración musulmana de bombas suicidas, decapitaciones y otras violencias contra los "infieles" o "apóstatas", justificándolo con referencias a textos Islamicos, sean el Corán o las tradiciones del Profeta.

Estas sociedades están incluso más disgustadas cuando ven a los radicales Islamicos, sean de Al Qaeda o agentes de la permanente revolución teocrática de Irán afirmando que representan al más auténtico o puro Islam mejor que a las grandes masas de musulmanes moderados. Y se preguntan por qué esas grandes masas parecen tan pasivas ante esta afrenta.

Occidente, particularmente Europa está también encolerizado porque alguna de sus libertades esenciales y los principios de su modo de vida—entre ellos la igualdad de hombres y mujeres, los derechos de los homosexuales y la libertad de expresión—parezcan inaceptables para algunas de sus crecientes pero alejadas comunidades Islamicas en su interior.

La compatibilidad entre una sociedad liberal democrática y el Islam está ampliamente puesta en duda. En cuanto al mundo Islamico, particularmente en el Próximo Oriente, se han acumulado las frustraciones de un período post-colonial marcado generalmente por la opresión de Estados de partido único parecidos a los que fueron derrotados en 1945 o 1989, agudizándose por la ocupación occidental de Afganistán e Irak. A cierto nivel, esas invasiones occidentales han resucitado la vieja confrontación entre el Califato y la Cristiandad, experimentada primero en la expansión inicial del Islam en España y otras partes de Europa, más tarde en defensa contra las Cruzadas.

La defensa de una noción de Islam puro y una ley Shariah contra lo que se describe como la fuerza de corrupción y modernización de un Occidente sin valores identificado con Estados Unidos, Israel y ahora Europa se ha convertido en un poderoso grito jihadista de unificación.

Las manifestaciones espontáneas son un oxigenante en Siria. El santo ultraje por las caricaturas en las calles de Damasco revela los extremos a que ha llegado un régimen que antaño masacró a los miembros de la Hermandad Musulmana. En Irán y en la Gaza y Cisjordania de Hamas el furor público es también una medida del malestar político.

Rasmussen tiene razón; Europa tiene que dejar claro que apoya sus libertades. ¿Y qué pasa con las caricaturas anti-semitas o los insultos contra Roma?. Si no se reproducen, ¿no es un reflejo del desdén de Europa hacia el Islam?.

Estos argumentos tendrían más peso si el Islam radical no fuera una de las más potentes fuerzas globales hoy, si sus seguidores fanáticos no invocaran precisamente las palabras y tradiciones del Profeta para justificar actos odiosos.

¿Y qué hacemos con todos los ultrajes que vienen de las sociedades árabes donde la caricatura de los judíos es un lugar común y ciertos medios de comunicación regularmente expresan la opinión de que el Holocausto nunca existió o fue exagerado o fue una suerte merecida por los judíos?.

Parte de la cólera que ahora vemos está canalizada en un anti-daneses y anti-europeismo musulmanes. Pero la quema de banderas de la Unión Europea en lugar de las Barras y Estrellas debería ser una fuente de orgullo para los europeos. Sugiere que Europa se mantiene firme en algo importante, después de todo.

En lo relativo a Hamas, Francia apoyó tentativamente la oferta de Rusia para invitar a que los líderes de la Organización Hamas visitaran Moscú, diciendo el Ministerio de Asuntos Exteriores que contribuiría a avanzar en sus posturas. La invitación hecha el jueves 9 en Madrid por el presidente Putin había sido rechazada rápidamente por Estados Unidos e Israel. Hamas estaba en la lista del Departamento de Estado de organizaciones terroristas. Tiene un largo historial de atentados con bombas y ha prometido que nunca reconocería a Israel. "Compartimos con Rusia el objetivo de traer Hamas a posturas que permitan alcanzar el objetivo de dos Estados viviendo en paz y seguridad—dijo el portavoz del Ministerio de Asuntos Exteriores francés, quien añadió que la Unión Europea tenía una clara serie de condiciones para la apertura de un diálogo con Hamas, a quien también considera una organización terrorista, Pero el cauteloso apoyo de Francia a un posible inicio de un diálogo dependía de que la organiación reconozca a Israel y renuncie a la violencia. Francia dijo que Rusia no había consultado con el llamado cuarteto diplomático—Estados Unidos, Union Europea y Naciones Unidas—que redactaron la llamada ruta de paz hacía tres años, un plan destinado a conseguir un Estado palestino viviendo en paz con Israel.

La principal organización judía de Francia, CRIF, rechazó la postura francesa en una declaración que la calificaba como "un peligroso primer paso".

Las Autoridades israelíes reaccionaron duramente contra la invitación de Putin a Hamas, diciendo que rompía el consenso internacional para aislar a Hamas hasta que reconociera a Israel, renunciara a la violencia y acordara respetar los acuerdos firmados. Añadieron que era un torpe intento de reinsertar a Rusia en el juego del Próximo Oriente del lado palestino y hacer que Estados Unidos está incluso más inclinado a Israel. Hablando en una radio pública, el ministro israelí Meir Sheetrit llamó a la invitación de Putin una clara cuchillada en la espalda a Israel. Se preguntó: ¿Qué diría Moscú si invitáramos a representantes chechenos, como respuesta?. Los rusos insisten en que son terroristas los chechenos, que están luchando por su independencia de Rusia desde el siglo XIX." Otro ministro, Zeev Bolm, dijo que Putin estaba bailando con lobos. Mientras, el popular tabloide Yediot Aharonot tenía un titular diciendo que "Putin está escupiendo a nuestra cara".

La grieta en el muro de contención de Hamas preocupaba a las Autoridades israelíes, que habían trabajado duro con el cuarteto para las tres precondiciones a Hamas, que el Ministro de Asuntos Exteriores Tzipi Livni ha repetido una y otra vez en Gaza, El Cairo y Washington: reconocer a Israel, renunciar a la violencia y respetar los acuerdos previos. Naturalmente, los dirigentes de Hamas elogiaron a Putin por su invitación

El domingo 11 de febrero, la Secretaria de Estado Condolezza Rice dijo que las protestas por las caricaturas del profeta Muhammad podían salirse de control a menos que los Gobiernos actuasen para controlarlas. Conforme la Unión Europea anunciaba una nueva iniciativa—el envío de Javier Solana a un tour por todo el Próximo Oriente—parecía que las protestas empezaban a calmarse. Sin embargo, subsistían muchas dudas de que, en efecto, eso estuviera ocurriendo. Rice repitió el domingo que acusaba a los Gobiernos de Irán y Siria de incitar a los disturbios en sus capitales y señaló que Washington lo había dicho ya al Gobierno sirio. Con el Gobierno iraní no podía hacerlo, al no haber relaciones diplomáticas.

De hecho, las manifestaciones se hicieron desde el fin de semana pacíficas. Unas 7.000 personas se manifestaron en Paris pacíficamente, al igual que unas

3.000 en Estrasburgo. Decenas de miles de turcos de unieron en la ciudad este de Diyarbakir quemando banderas danesas y apedreando el consulado francés, según informes procedentes de Estambul. El representante de política exterior de la Union Europea, Javier Solana, hablaría el lunes con representantes de la Organización de la Conferencia Islamica, que abarca a 37 países musulmanes. Luego visitaría Egipto, Jordania, los territorios palestinos e Israel. El primer ministro danés, Rasmussen, reiterando cuanto había dicho sobre la crisis, al ser preguntado si había rechazado reunirse con 11 embajadores de países musulmanes, dijo que había intercambiado cartas con ellos y el ministro de Asuntos Exteriores se había reunido informándoles amablemente que no podía tomar ninguna medida punitiva con un periódico danés que no había infringido ninguna ley.

Pese a que las protestas del fin de semana habían sido generalmente no violentas, los miembros de la embajada de Dinamarca en Yakarta la abandonaron después de recibir amenazas telefónicas. Simultáneamente, el ministerio danés de Asuntos Exteriores había urgido a sus ciudadanos que abandonaran Indonesia, el país\con mayor población musulmana en el mundo. El ministro indonesio de Asuntos Exteriores dijo que los diplomáticos se habían trasladado a otro lugar, en tanto ellos habían asignado 200 policías a guardar el edificio de la embajada. La embajada holandesa comunicó que representaría a los intereses daneses por ahora. El jefe de la Liga Arabe, Amr Mussa llamó a la gente a trabajar juntos para terminar la disputa, que llamó una llama absurda. "Este no es el momento para un choque entre el Este y el Oeste", dijo Mussa en un foro en la capital saudí de Yeda.

Lo más sorprendente del domingo 12 fue que Irán reafirmó su compromiso con el Tratado de No Proliferación Nuclear, un día después de que lanzara una amenaza velada de retirarse del pacto.

El portavoz del Ministerio de Asuntos Exteriores dijo que todavía estaban comprometidos con el respeto de las cláusulas del TNP, subrayando que su país no podía aceptar que el tratado fuera utilizado como un instrumento político por las potencias occidentales. Añadió que cooperarían en el tratado y en las cláusulas de salvaguardia. "La política nuclear de la República Islamica ha sido hasta ahora pacífica" dijo el sábado 11 el presidente Ahmadinejad en un discurso ante la multitud congregada para celebrar el 27 aniversario de la Revolución. Pero, añadió, "si queréis violar el derecho del pueblo iraní a usar las regulaciones del tratado, debéis saber que el pueblo iraní revisará su política". Un diplomático dijo en Viena que habían sido quitado los sellos y cámaras de las instalaciones iraníes sin la supervisión de la Agencia. Al mismo tiempo, el portavoz del Ministerio de Asuntos Exteriores iraní dijo que los crímenes cometidos por el régimen sionista son mayores que el Holocausto. Desgraciadamente, añadió, el régimen sionista está chantajeando a los europeos con el Holocausto. Ahmadinejad había pedido una conferencia académica sobre el Holocausto, diciendo que probaría que los 6 millones de judíos muertos por los Nazis y sus aliados entre 1933 y 1945 eran una gran exageración. Los líderes occidentales rechazaron la propuesta como algo desagradable.

Al propio tiempo un "think tank" británico, el Oxford Research Group, especializado en control de armas y problemas de no proliferación, dijo que una acción militar contra Irán por parte de Estados Unidos o Israel no es una opción que pueda ser considerada. El ataque americano probablemente consistiría en golpes aéreos simultáneos sobre más de 20 instalaciones claves nucleares y militares para destruir la capacidad iraní de defensa nuclear y aérea, aunque mataría a miles de personas y desencadenaría la guerra.

De todos modos, en un nuevo despliegue de tácticas cambiantes, el lunes 13 Irán pospuso indefinidamente las conversaciones sobre una solución posible de sus ambiciones nucleares, en tanto diplomáticos europeos decían que había reanudado a pequeña escala el proceso de enriquecimiento de uranio. Las conversaciones se habían programado para el jueves 14 en Moscú, donde iba a verse la propuesta rusa de asumir la responsabilidad del programa iraní de enriquecimiento de uranio, pero el aplazamiento se hizo en virtud de lo que llamó "la nueva situación" el portavoz del presidente iraní Gholamhossein Elham. La llamada nueva situación no era otra cosa que la decisión tomada por la Agencia Internacional de Energía Atómica de llevar el problema al Consejo de Seguridad de las Naciones Unidas. Aún así, se consideraba que Irán estaba lejos de poder producir suficiente uranio enriquecido para producir bombas atómicas. Sin embargo, un enriquecimiento a pequeña escala es suficientemente significativo, porque representa la determinación a seguir adelante en la prosecución de una tecnología que la Unión Europea, los Estados Unidos y otros países quieren que Irán abandone. Los expertos creían que Irán disponía de uranio suficiente para aspirar a tener cinco armas nucleares, pero estimaban que para enriquecerlo necesitaría entre 3 y 10 años. Moscú proponía que Irán enviara su uranio a Rusia, donde sería enriquecido a un nivel suficiente para sus reactores nucleares, empezando por la planta de Bushehr, que puede empezar a funcionar este año de 2006.

En Berlin, un portavoz del Ministerio alemán de Asuntos Exteriores manifestó que su Gobierno deploraba la decisión de aplazamiento adoptada por Irán. Elham también reiteró la declaración hecha por el presidente Ahmadinejad el 11 de que Irán revisaría su política hacia las reglas de la

Agencia Internacional de Energía Atómica y el Tratado de No Proliferación si se utilizaban contra su país, una velada amenaza de retirarse del TNP.

De otro lado, el Gobierno iraní estaba absorbido en otros frentes, al margen del tema nuclear. La noticia positiva para él fue que el domingo 12 fue confirmado en su cargo de Primer Ministro del Gobierno de Irak para los siguientes cuatro años, Ibrahim Jafaari, el líder chií más destacado, que estaba considerado como moderado, pero presentaba en su currículo el hecho de haber pasado su exilio de cinco años en Irán, donde había anudado íntimas conexiones con los dirigentes de la teocracia revolucionaria. Esto representaba la garantía de que iba a ser más difícil y aleatoria que nunca la posibilidad de que los sunníes llegaran a ocupar unos puestos relevantes en el primer Gobierno iraquí permanente nacido de las elecciones generales de diciembre de 2005. Quedaba a los americanos la esperanza de que el presidente de la República, Ali Talaban, fuera confirmado en su puesto como lo había sido Jafaari y entonces utilizara la gran fuerza parlamentaria de los kurdos para conseguir la deseable presencia sunní. Por el momento, las bazas más prometedoras estaban del lado de los chiíes apoyados por Irán.

En cambio, las circunstancias estaban corriendo en Palestina de manera que parecían estar debilitándose las pretensiones de Hamas.

Estados Unidos e Israel habían diseñado una estrategia encaminada a desestabilizar un nuevo Gobierno de Hamas en la Autoridad Palestina. Su intención era privar a la Autoridad Palestina de dinero y de las conexiones internacionales, para llegar al punto en que el Presidente palestino Mahmoud Abbas pudiera convocar nuevas elecciones y consiguiera la toma del poder por el movimiento Fatal. La idea era forzar a Hamas a escoger entre cambiar sus posturas políticas—reconocer a Israel, renunciar a la violencia y reafirmar los acuerdos de Oslo—o hacer frente al aislamiento y el colapso. Hamas había presentado un programa electoral de cambio y reforma, para mejorar la vida del pueblo palestino, y los sondeos mostraron que eso había sido la razón de que los votantes le escogieran en las elecciones del 25 de enero. Los políticos que diseñaron la estrategia actual israelí-americana no tenían esperanza de que Hamas cumpliera sus precondiciones. Líderes de Hamas, como Jaled Meshad, habían reiterado que su grupo no reconocería a Israel, no dejarían el derecho a resistir la ocupación israelí por medio de la violencia y no reconocerían la validez de los acuerdos de Oslo, que eran la base de la legitimidad de la Autoridad Palestina. "La cuestión radica en echar la carga de la elección sobre los hombros de Hamas. Si hacen la elección equivocada, todas las opciones van a una mala dirección para ellos".

El plan de desestabilización de Hamas se centraba en razones financieras. La Autoridad Palestina obtiene alrededor de l.000 millones de dólares al año en ayuda extranjera. Sin embargo, tiene un déficit mensual en efectivo de unos 60 a 70 millones, después de recibir entre 50 y 55 millones mensuales de Israel por los impuestos y derechos aduaneros que percibe en las fronteras pero que debe pagar a los palestinos.Así, empezando el mes próximo de marzo de 2006, la Autoridad Palestina tendrá que enfrentarse a un déficit en efectivo de 100 a 110 millones mensuales, que necesita para pagar todas las retribuciones de sus 140.000 empleados, que son un tercio de la población palestina. Esta cifra también incluye unos 58.000 miembros de las fuerzas de seguridad, donde predominan los miembros de Fatah. Toda la ayuda que la Autoridad Palestina recibe actualmente será parada o reducida por Estados Unidos y los Gobiernos de la Unión Europea, que tienen a Hamas en la lista de las organizaciones terroristas. Israel tiene otras palancas adicionales para presionar: el control de las entradas y salidas de personas y mercancías en Gaza y Cisjordania, el número de trabajadores palestinos a quienes se permite la entrada diaria en Israel e incluso la moneda usada en los territorios, que hoy es el shekel. También dicen que no permitirán a los parlamentarios de Hamas viajar libremente entre Gaza y Cisjordania.

El potencial de crisis económica es tan real, que la bolsa palestina ha bajado el 20% desde las elecciones, y la Autoridad Palestina ha agotado la capacidad de tomar dinero prestado por los bancos locales.

Hamas obtiene unos 100.000 dólares mensuales desde el extranjero, pero, si aumentan debe considerarse que es muy difícil llavar millones en maletines. Ahora bien, como es improbable que Hamas capitule, resulta previsible que tratará de conseguir apoyo del mundo Islamico, incluyendo sus aliados Siria e Irán, así como las donaciones privadas. Puede culpar a Estados Unidos e Israel por sus problemas, apelar al mundo para que no castigue al pueblo palestino por su elección democrática, e incluso recurrir a una abierta confrontación militar con Israel, donde no tiene la menor probabilidad de éxito.

La intención era aislar a un Gobierno Hamas desde el principio partiendo de la decisión de hacer que Hamas se conforme con el modelo previo de unas relaciones con Israel y Occidente, que se han basado durante 20 años en el concepto de una solución negociada que aboque a dos Estados permanentes e independientes, Israel y Palestina. Hoy por hoy, parte de lo que ocurra depende de Abbas, el presidente de Fatal que convocó las elecciones y ahora se ve obligado a reconocer que Hamas tiene derecho a gobernar. Pero Abbas ha dicho también que debe tener un Gobierno que pueda llevar a cabo las políticas fundamentales—que incluyen las negociaciones con Israel para un tratado final de paz reconociendo los dos Estados—o deberá dimitir. Los occidentales piensan que si un Gobierno de Hamas no puede pagar a los trabajadores, importar mercancías, transferir capitales y recibir una ayuda exterior significativa, Abbas tendrá autoridad para disolver el Parlamento y convocar nuevas elecciones.

Mientras tanto continuaba la polémica internacional sobre el significado de la crisis de las caricaturas, una vez que las manifestaciones se habían convertido en marchas pacíficas, en Paris, Londres e incluso, últimamente, en Turquía y Pakistán, disolviéndose sin dificultades por la policía los pocos intentos de violencia.

Una periodista habitual del Boston Globe, Cathy Young, bajo el título de la amenaza de la modernidad, decía que mucha gente se preguntaba sobre la aptitud del Islam, al menos en su actual estado, para coexistir con la civilización democrática moderna y sus libertades. La tensión entre la religión tradicional y la modernidad, entre la piedad y la libertad, no se limita al Islam solamente, aunque el radicalismo Islamico hoy representa una forma mortal única de crear esta tensión. En una columna de "The New York Times", David Brooks escribió que Occidente, con su legado de Sócrates y el ágora, y su mentalidad progresista y racionalista está abierta a una multiplicidad de argumentos, perspectivas y hasta hechos desagradables, mientras que los musulmanes radicales se aferran a su dogmatismo "pre-Ilustración". Sin embargo, Brooks desdeña el hecho de que un gran segmento de la población en Occidente y especialmente en Estados Unidos abraza también los valores de la pre-Ilustración. Los cristianos fundamentalistas, los católicos tradicionalistas y los judíos ultra-ortodoxos, salvo pocas excepciones no llaman a la violencia como respuesta a la herejía. Pero con frecuencia igualan la crítica de sus creencias con la intolerancia religiosa o el discurso del odio. Y también buscan a menudo no protestar simplemente sino acallar todo discurso ofensivo. La cabeza de la Liga Católica, William Donohue, aplaudía la decisión de la mayoría de los periódicos americanos de no publicar las caricaturas de Muhammad. Muchos de esos periódicos no reprodujeron las caricaturas como parte de una historia sobre la reacción que tuvieron acerca de obras de arte consideradas sacrílegas por los cristianos, mientras defendían que se desplegaran esas obras en museos financiados con los impuestos.

La verdad es que la modernidad, con su "caos de conversación", su caos de estilos de vida, su actitud de que no hay nada más sagrado que la libertad de expresión, estaba amenazando profundamente a muchos tradicionalistas religiosos de diferentes fes. Así, el último año sólo unos pocos conservadores americanos aplaudieron el ataque del papa Benedicto XVI a la "dictadura del relativismo".

Actualmente, por una variedad de razones históricas y culturales, el fundamentalismo radical tiene una influencia particular en el mundo musulmán, donde está casado con la violencia de formas, que no tiene paralelo en otras religiones. Ignorar esta diferencia y su peligro sería tonto.

En la polémica internacional se puso de relieve el dato de que la crisis de las caricaturas había provocado una crisis en la identidad de los daneses. Durante décadas, la Christiania era un símbolo informal de la tolerancia danesa, donde la gente abiertamente compra y fuma marihuana a pesar de leyes nominalmente contrarias. Ahora, las estanterías de marihuana están vacías. Muchos ven el cambio como el reflejo de un vasto cambio que ha traído un apoyo creciente al Partido Danés del Pueblo, un partido conservador anti-inmigración que tiene el 13 % de los escaños del Parlamento y pugna por limpiar Christiania con el mismo celo que utiliza para luchar contra los inmigrantes musulmanes. Después de las manifestaciones en el Próximo Oriente, Dinamarca se ha hundido en una profunda crisis de identidad. El país que una vez se enorgullecía de tener la política de inmigración más abierta de Europa y de su estado de bienestar, está luchando por preservar su liberalismo para que continuara siendo danés. Flemming Ross, el editor que encargó las caricaturas y ha anunciado que se toma unas vacaciones indefinidas, ha dicho que la furia por las caricaturas ha sido un llamamiento al despertar de los daneses. "Estamos acostumbrados a vernos como una sociedad permisiva y abierta por el lado bueno y es abrumador ver que los daneses son objeto de odio. La gente está dispuesta a pagar por un estado de bienestar pero no por un "Ali" que viene de 5.000 millas en la distancia."

Estos sentimientos han sido evidentes a lo largo de Europa., desde el rechazo a la apertura de negociaciones que admitan a la Turquía de mayoría musulmana a entrar en Europa hasta la ley aprobada en Francia que haría más difícil a los inmigrantes de renta baja traer con ellos a sus familiares.

Pero el choque cultural es particularmente agudo en Dinamarca. Conforme los musulmanes protestaban en el Próximo Oriente quemando imágenes del primer ministro Rasmussen, éste insistía en la tolerancia danesa. Pero algunos líderes musulmanes decían que sus palabras carecían de eco cuando el Gobierno danés depende del voto oscilante del Partido Danés del Pueblo, cuyos líderes públicamente etiquetan a los musulmanes como "células cancerosas".

Las solicitudes de asilo político en Dinamarca han bajado el 10% el último año, desde un 53% anterior. Es signo de que la crisis de las caricaturas está impulsando un mayor sentimiento anti-inmigración, que la dirigente del partido Pia Kjaeragaard escribió en su periódico semanal que las comunidades Islamicas aquí están llenas de hombres patéticos y mentirosos con sospechosos puntos de vista sobre la democracia y las mujeres. Añadió: "Son el enemigo dentro. El caballo de Troya en Dinamarca. Una especie de mafia Islamica."

El imán Abdul Wahid Pedersen, un danés convertido al Islam, ha dicho que las ilusiones danesas han sido destruídas por las caricaturas. Pedersen, que se convirtió hace 24 años y habla árabe con fluidez, dice que antes de la crisis su identidad Islamica era admitida por sus amigos daneses y ahora es llamado traidor habiendo recibido amenazas de muerte. Los políticos del ala derecha en este país están diciendo que el Islam es una religión terrorista. La tolerancia que tomó décadas en ser construída, se ha hecho pedazos en unos pocos meses.

Trasladando el tema de la identidad a Irán, el corresponsal en Teherán de "The New York Times" recordaba que la embajada danesa había sido atacada y rociada con bombas de gasolina, la embajada austriaca había sido apedreada y todas sus ventanas hechas añicos, por la razón de las caricaturas. Los Estados Unidos habían sido llamados el Opresor del Mundo e Israel continuaba en lo alto de la lista de enemigos de Irán. Sin embargo, para entender lo que los iraníes más detestan sólo se necesita visitar Bobby Sands Street, llamada así en honor del irlandés republicano que murió por una huelga de hambre en 1981. La calle continúa pasada la Embajada Británica en un barrio ajetreado de Teherán. "No hemos visto más que cosas malas de los británicos desde que pusieron pie aquí hace 200 años", dijo Seyed Razi Abbassian, un comerciante de sellos de correos y monedas que trabaja en la calle de la embajada británica. "No tenemos recuerdos buenos de los británicos".

En un país frecuentemente dividido amargamente, la opinión de Abbassian es la que une a los iraníes de muchas clases políticas, sociales y económicas. La idea de que Gran Bretaña está detrás de mucho de lo que marcha mal en Irán no es una teoría de conspiración, sino más bien un prisma a través del cual muchos asuntos domésticos son vistos. Realmente, América—el Gran Satán mismo—es frecuentemente retratada como un niño manipulado por las fuerzas de Londres más inteligentes y engañosas. Un diplomático europeo cuenta que una vez recibió de un escolar un dibujo mostrando a América como una marioneta con Gran Bretaña tirando de los hilos.

"Durante 200 años hemos tenido relación política con los británicos, dice Mansooreh Ettshadie, profesor de historia y escritor, pero nunca han sido inocentes". Para él, hay razones sólidas para que los iraníes sospechen de los británicos. A principios del siglo XX, conspiró con Francia y Rusia para controlar el país, y el éxito de Gran Bretaña en el sur y al dominar los ricos campos petrolíferos de Irán dejó un mal sabor. Durante muchos años, Irán no tuvo incluso un banco central sino que tuvo que encomendar al Imperial Bank la emisión de moneda. Como todo escolar iraní sabe, fueron los británicos quienes organizaron el golpe de Estado que llevó al poder al dictatorial Shah Mohammmed Reza Pahlavi, quien fundó la odiada dinastía que duró hasta la revolución chií en 1979.

La desconfianza de Gran Bretaña está tan arraigada en la psicología pública, especialmente en la generación mayor, que se hacen burlas con ella, se escribe sobre ella e incluso se describe como paranoia, pero nunca ha sido descartada. Una de las novelas más populares de Irán, "Mi tío Napoleón" es una historia cómica de amor revelando cómo los iraníes ven la mano británica en todos los acontecimientos oscuros. El libro popularizó la frase "Esta es la obra del bizco británico" que se usa mucho con una sonrisa y un guiño. Puede decirse cuando estallan bombas o cuando hay un tráfico realmente malo.

Así como muchos iraníes son aficionados a divertirse con su obsesión antibritánica, la opinión que prevalece sirve también para complicar las ya tensas relaciones entre Londres y Teherán sobre muchas materias, entre ellas el programa nuclear. Un diplomático occidental dijo que los iraníes a menudo apelan al espectro de las desigualdades históricas con el Reino Unido en las reuniones diplomáticas. Recientemente, las Autoridades iraníes acusaban a los británicos de algunos cercanos estallidos de bombas y derribos mortales de aviones en su país. Al mismo tiempo aseguraban que Gran Bretaña no actuaba sola sino en tandem con Israel y Estados Unidos, aunque Gran Bretaña era el amo del complot.

Hay un acontecimiento contemporáneo que continúa encolerizando a mucha gente y es el golpe de Estado que echó al primer ministro Mohammed Mossadegh y reinstaló al Shah, que había huído del país. Aunque la CIA fue acusada de participar en la operación contra Mossadegh, el sentimiento popular es que la inteligencia británica fue la que tiró los hilos. Un vendedor de frutas y verduras en el centro de la capital decía al corresponsal: "Los británicos eran responsables del fin del gobierno de Mossadgh". Preguntado que desagradaba más en Irán, Gran Bretaña o Estados Unidos, trazaba una distinción entre el pueblo americano que "es bueno" y el Gobierno americano "que es malo". No hacía igual diferencia en cuanto a los británicos. "Los británicos ganan en esta competición. Inglaterra es aún peor. Son como serpientes".

La rabia y la sospecha están extendidas. En una edición de 3l de enero en Resalta, un periódico iraní, un artículo sobre unas bombas estalladas en Ahvaz ponía como titular: "La mano de Inglaterra está en medidas contra nuestra seguridad nacional". El artículo decía: "Gran Bretaña, el antiguo colonizador, tiene una mano puesta en todas estas medidas criminales. Otro truco del Gobierno del antiguo colonizador es que, cualquiera que sean sus intenciones secretas—conspirando contra otros—adopta posturas totalmente amistosas hacia América en lo que respecta a Irán; y cuando se vuelve a la normalidad, continúa en sus actitudes hostiles". La embajada británica ocupa un gran complejo edificado tras un alto muro de ladrillo. Precisamente, cuando se daba por terminadas las marchas de protestas por las caricaturas, unos 100 islamistas tiraron bombas de gasolina a la embajada. Algunos cócteles Molotov dieron contra el muro exterior, pero uno cayó al interior y una puerta de la embajada fue incendiada. Los manifestantes conducían cinco burros drapeados con banderas americana, británica, alemana, danesa y francesa, junto con un perro envuelto en una bandera israelí. "Muerte a Gran Bretaña", "Muerte a América" y "Muerte a Israel" fueron coreados. Y las manifestaciones que se creían ya definitivamente pacíficas daban paso a otras de extrema violencia en las ciudades pakistaníes de Meshawar y Lahore el día 15 de febrero, con cinco muertos y el incendio de numerosos establecimientos, entre ellos un restaurante americano.

Las gestiones del enviado de la Unión Europea no parecían tener, pues, un éxito aparente. Mientras, el mundo se preguntaba que estaba realmente sucediendo en el interior de Irán, donde los artistas se preguntaban cuán lejos podían ir.

Las estrellas de rock continuaban lanzando canciones audaces, aunque estaban asustados. Un músico de rock entregaba a regañadientes el texto de la letra de una canción suya, "El regalo", que su banda había entonado. La desafiante letra decía: tengo derecho a ser cogido por los polis—tengo derecho a ser llamado por un juez—tengo derecho a ser enviado a un frente—y regresar en una caja en un camión. Comparada con el desafío que explota en la música de rock de Occidente, la canción parecía agua. Pero esto es Irán, decía el corresponsal de "The New York Times" una nación que frecuentemente se siente en otro mundo, cogida en un lugar donde hay una actitud de ir a dónde quieras y el escrutinio de un Gobierno religioso.

Después de la revolución Islamica, cuando el Ayatollah Ruhollah Jomeini estaba dando forma a Irán como Estado Islamico chíi, uno de sus muchos dichos fue: "Conserva las apariencias del Islam". En efecto, la apariencia pública es importante. Se aceptó por ejemplo para los iraníes que escogieran no ayunar en el Ramadan, pero se esperaba que comieran en la privacidad de sus hogares. Después de siglos en que los chiíes permitían a sus fieles ocultar aspectos de su fe para protegerse a sí mismos, una práctica llamada Taqiyah, el principio parece haberse enraizado en el carácter nacional. Las apariencias pueden ser prevalentes, aunque no respondan a la verdad.

Durante los años en que los reformistas estuvieron en el poder, las Autoridades permitieron algunos desafíos externos a la apariencia. Naturalmente, la apariencia se refiere aquí a las reglas de conducta que inhiben o se expanden en la vida diaria. Los reformistas permitieron un toque de cierta auto-expresión, principalmente libertades sociales tales como códigos de vestir más flexibles. Pero también amenazaron a los que públicamente cuestionaban el Gobierno y el liderazgo.

Ahora, un nuevo Presidente conservador, Ahmoud Ahmadinejad hacía que la gente se preguntara dónde se trazaría la línea y qué lejos puede permitírsela desafiar a las apariencias. El presidente ha dado algunos indicios, aunque no necesariamente los que eran de esperar. Muchos pensaban que rápidamente publicaría un edicto forzando a las mujeres al estricto código en el vestir, pero no ha sucedido todavía. En algunas materias, el presidente parece, por designio o por las circunstancias, estar imponiendo un control para no definir dónde están las líneas rojas. Así, algunos publicistas se autocensuran porque no quieren problemas.

Los músicos cuya letra amablemente evitaban los temas que preocupan a la mayoría de los jóvenes—el desempleo, la libertad de elección, el servicio militar, las citas—están también preguntándose cuán lejos pueden ir en público.

"No hay una ley escrita, dice un compositor cuyo nombre no se facilita porque le preocupa ser castigado y que su banda no pueda actuar, pero estás autorizado a hacer cualquier cosa a menos que quieras compartirlo". Una de las cosas más enervantes en Irán puede ser el acto de compartir en público ideas que desafían al sistema. Un periódico puede ser cerrado por compartir. Un periodista puede ver prohibida su salida del país. Siempre el compartir puede llevar a la resbaladiza ladera del cuestionamiento público y el descontento público. Los Gobiernos en todo el mundo intentan limitar el compartir público, en nombre de la seguridad del Estado, de la estabilidad, del patriotismo o por un control paternal por aquellos que están en la cima dictando a las masas lo que está bien y lo que está equivocado. Y sin embargo, la gente encuentra caminos para compartir, en parte porque yace en la naturaleza humana rebelarse contra las restricciones impuestas por la Autoridad. En Egipto, los que protestan consiguen ser golpeados por la policía. Pero Irán no es el mundo árabe. La sociedad iraní es vibrante y no ha sido aplastada del modo que lo ha sido en los regímenes autoritarios de la región. A muchos niveles, hay una política real aquí—frecuentemente con resultado desconocido—y en los asuntos más importantes los líderes deben conseguir el consenso de diferentes niveles de poder. Y así gente de muchos campos—las artes, el deporte, la política y los negocios—se ven presionando contra las limitaciones de lo que parece permisible.

Estos son tiempos tensos en Irán. El país está bajo la amenaza de convertirse una vez más en el paria internacional, como en los días en que Jomeini dictó una fatwa pidiendo la muerte de Salman Rushdie por su libro "Los versos satánicos". Esta vez es la determinación de los líderes a conseguir el poder nuclear lo que amenaza aislar el país internacionalmente.

Un conocido actor iraní, que estuvo en el exilio varios años, eligiendo la vuelta sólo cuando estuvieron los reformistas en el poder, era reticente a contestar muchas preguntas que le hacían. Estaba presenciando la versión iraní de los premios de la Academia y se inclinó murmurando que estaba dispuesto a contestar preguntas tales como: ¿Por qué son tristes muchas películas iraníes?, ¿le preocupa que el nuevo Gobierno aplaste las libertades artísticas? Era la ceremonia de los premios del 24 Festival Fadjr. Las mayores estrellas de Irán estaban allí habiéndose abierto paso entre la multitud a la entrada del Vahdat Hall. Las estrellas pululaban entre los excitados invitados que les pedían autógrafos y una oportunidad para posar con ellas ante los fotógrafos.

Ali Reza Jamseh, un actor cómico que en su show de la mañana del viernes acostumbra a abordar asuntos familiares dijo: "No todos son capaces de reír cuando hay en marcha una crisis. Es importante reír cuando están siendo golpeados en la cabeza". Dijo que estaba hablando sobre divorcio, desempleo y otros temas personales, pero que el mensaje tenía un alcance mucho mayor en estos tiempos duros. Lo dijo con una ancha sonrisa. Hasta que se acercó un hombre que dijo llamarse Yohia Nouri y era un profesor de gimnasia. Llevaba un pequeño maletín en la mano. "El Corán, dijo señalándolo, dice que cualquier situación dura estés sintiendo, deberás soportarlo".

En un concierto reciente, cuando hombres y mujeres jóvenes se apilaban en una pequeña sala, un asistente se adelantó y de modo informal dijo: "Confío que los Basiji no corran hacia aquí". Se refería a las escuadras de vigilantes, hombres barbudos que frecuentemente utilizan la violencia para imponer los estrictos códigos Islamicos sociales. Conforme los músicos tocaban, la multitud aplaudía, gritaba y coreaba, igual que cualquier auditorio de jóvenes hacen en Occidente, la música tenía un cierto tono fúnebre, según el cantante aprovechaba la oportunidad de compartir sus pensamientos en público: "Tengo derecho a ser ignorado y menospreciado—tengo derecho a ser condenado, a ser sancionado y prohibido". Y cuando la representación terminó y las luces se apagaron, la banda parecía exultante—y asustada.

Mehdi comentaba a diario los confusos acontecimientos que transcurrían en torno suyo, con los amigos zoroástricos congregados en su casa. Ninguno se atrevía a hacer un pronóstico cualquiera de lo que podría ser el futuro inmediato. En cambio, todos coincidían en que la verdadera crisis de identidad no podía producirse en un país tan pequeño y de tan escasa historia como Dinamarca, sino en el enorme y milenario Irán

Para ellos era asimismo evidente que la solución real consistía en la reafirmación de la identidad iraní, que era la persa. Lo probaba la historia de los muchos siglos pasados desde que los escitas y los cimerios fueron eliminados, reuniendo los medas todos los territorios en un solo Estado. Su rey, Ciaxares, en el siglo VII a.JC., intervino al lado de los babilonios contra Asiria, a la cual asestó golpes decisivos, tomando Assur el 614 y Nínive el 612. Su imperio se extendió sobre las ruinas de los estados de Asiria y Ururtu, pero nada sabemos de su sector iraní, salvo que su capital era Ecbatana y que controlaba los pequeños reinos persas de Parsumad y de Parsa (llamada la Pérsida por los griegos) en el actual Fars, que fue sin duda el punto de llegada de la migración persa; sabemos igualmente que fue tribu meda, los magos, quien difundió y adoptó en Irán la reforma religiosa de Zaratustra, en el siglo VII a.JC., un iraní del este que purificó las creencias y los ritos de los arios.

El primer imperio persa, que duró dos siglos entre 550 y 331 a.JC., fue fundado por el rey de Anzán—o sea de Parsumad—el aqueménida Ciro II, que se rebeló contra el rey de los medos, Astiages, y le despojó de sus dominios. Ciro II, el fundador de la dinastía de los aqueménidas, supo utilizar la fuerza militar de su pueblo, que, acantonado en las áridas montañas, era más fuerte que las poblaciones civilizadas de Oriente. Dominó al principio sólo una parte de las tribus persas y fue capaz de explotar, en detrimento de las monarquías orientales, la hostilidad que su despotismo había suscitado siempre. Libró una serie de batallas que le permitieron apoderarse, con todas sus pertenencias, de los reinos meda (550), lidio (547) y babilonio (539). Unificó en su provecho el Irán bárbaro, pero fue en un combate contra los nómadas de las estepas del noroeste donde encontró la muerte. Sus fieles persas le habían dado tanto las poblaciones más desarrolladas como las más atrasadas del Asia occidental, pero a partir del 550 se apoyó sobre todo en el pueblo meda, que ya había poseído un verdadero imperio.

Cambises II (530-522), sucesor de Ciro, terminó la conquista de Oriente y se apoderó de Egipto. Pero esta vez, en lugar de bárbaros y de poblaciones mezcladas, el ejército persa se enfrentó a una nación orgullosa y xenófoba, y ante la poca disposición de los habitantes del valle del Nilo, el aqueménida no vaciló en mandar destruir un cierto número de templos. Más autoritario que Ciro, pidió a los pueblos demasiados impuestos y murió en el momento en que triunfaba una rebelión conducida por su hermano Bardiya. Este último, que ocupó solamente siete meses el poder en 522, practicó una política original: suprimió el tributo y el reclutamiento durante tres años y trató de imponer en Irán una forma depurada de religión. Fue asesinado por los jefes de la nobleza persa, que permanecían apegados a sus dioses y reprochaban a la familia de Ciro haberse vuelto más meda que persa.

Le sucedió en el trono Darío I (522-486), afirmando que no había hecho más que destronar a un impostor, el Mago Gaumata, quien se había hecho pasar por Bardiya, muerto realmente en secreto por orden de Cambises. La crisis dinástica provocó insurrecciones nacionales, pero Darío consiguió mantener el imperio, cuyas fronteras llevó hasta el río Syr Daria y el Indo. Desgraciadamente, las muchas comunidades políticas incorporadas al imperio deseaban su independencia. Primero se presentó la rebelión de los griegos de Jonia y de una parte del Asia Menor. De ahí el origen de las guerras médicas (llamadas así por los griegos, que confundían medas con persas). El aqueménida concibió el proyecto de someter todo el mundo griego, cuya fuerza militar subestimaba. El pequeño ejército de Darío I fue derrotado por los atenienses en Maratón (490). Luego, durante la segunda guerra médica, la gran expedición dirigida por el nuevo rey aqueménida, Jerjes I (486-465) fue vencida en Salamina (480) y en Platea (479) por una coalición helénica mandada por los lacedemonios. Sin embargo, el reinado de Jerjes I, el último del brillante período de la dinastía, es sin duda la mejor época para conocer las instituciones aqueménidas. El imperio persa, que en realidad es la mayor gloria antigua del actual Irán, fue la obra de dos grandes hombres, Ciro y Darío. Había surgido de un pueblo casi sin pasado y casi sin cultura, por lo que no podían hacer más que continuar la aplicación de los grandes estados que habían precedido a la dominación persa: el reino elamita de Susa, que había guiado los comienzos de los principados persas; Asiria, que había dejado el primer modelo de una monarquía "universal"; Media, que había realizado el primer imperio dirigido por iraníes; Babilonia y Egipto, cuya Administración conservaron los conquistadores persas. A principios del siglo V a.JC.a había una veintena de satrapías para un territorio de 5 millones de km2. La dificultad de las comunicaciones dieron a los sátrapas un gran poder, del que abusaron con frecuencia en detrimento del Tesoro y de la autoridad del soberano. A pesar de la modestia de sus medios, los aqueménidas, como las dinastías imperiales que les habían precedido en Oriente, habían trabajado para centralizar el poder y unificar el Imperio. Intentaron hacer progresar la economía. La "ruta real" de Susa a Sardes es el tramo que mejor se conoce de la red conocida para el correo real, y que servía también para el transporte de artículos preciosos. El comercio se había beneficiado igualmente de las otras realizaciones de Darío I: el canal del Nilo al mar Rojo, la carretera marítima que seguía el Indo y bordeaba Arabia hasta llegar a Egipto por el mar Rojo. El mismo rey impuso un sistema de pesas y medidas combinando las unidades usuales de Babilonia, de Egipto y del comercio griego, que dominaba cada vez más el Mediterráneo oriental. Por otra parte, se debe también a los primeros aqueménidas la extensión de los qanats (galerías subterráneas de irrigación) en Irán. Siguiendo las tradiciones orientales, una parte de las contribuciones constituía una reserva de oro y plata en la residencia del soberano, otra parte era empleada en la edificación de palacios suntuosos destinados a glorificar al monarca y exaltar la función real. Es ahí donde se sitúa la más asombrosa realización de la política unificadora de los aqueménidas: con artesanos llegados de las regiones civilizadas del imperio consiguieron una síntesis original de las artes de Oriente, con un indiscutible éxito estético.

Por lo demás, ha de rechazarse la leyenda de que la dominación aqueménida se diferenciaba de las otras dinastías orientales por su tolerancia y suavidad. Más que este retrato civilizado, debido a la imaginación de Herodoto y Jenofonte, y al descubrimiento por los historiadores modernos de los textos zoroastrianos (que en realidad se redactaron entre los siglos I y VII d.c.) sería mejor volver a la opinión de los hombres de estado griegos, que veían en el imperio persa la encarnación de la desmesura y del despotismo.

La familia aqueménida fue degenerando, encerrada en aquellos palacios donde cada sucesión al trono era preparada por los cortesanos, los eunucos y las mujeres del harén y en el que los complots, verdaderos o supuestos, eran castigados con una crueldad llena de imaginación. A la muerte de Artajerjes I había dieciocho hijos en liza. Por turno le sucedieron Jerjes II, Sogdiano y Darío II, que se impuso (423-404) eliminando a sus otros hermanos. Artajerjes III (358-338) fue un soberano despiadado que salvó el imperio y se impuso a los sátrapas rebelados y a Egipto. Inquieto ante el progreso de Filipo II de Macedonia, que ambicionaba dominar el mundo griego, apoyó a los adversarios del macedonio e intervino para salvar a Perinto, cercado por Filipo. Sin embargo, murió envenenado por el eunuco Bagoas, que se desembarazó de la misma manera del sucesor Orases y sucumbió al final por orden de Darío III (336-3330). Mientras tanto, Filipo II ya había sometido a los griegos y su ejército esperaba la conquista del Asia Menor, pero en julio del 336 murió asesinado. Su hijo y sucesor, Alejandro, organizó una gran expedición, destinada según él a vengar la destrucción de los templos griegos por Darío y

Jerjes. Un ejército persa fue derrotado en Granico (334), cerca de los estrechos; a pesar del valor de sus nobles Darío III fue vencido personalmente en Issos (333), Cilicia y en Gaugamela (333), en Asiria. Perseguido a través de Irán, fue asesinado en Hircania por el gobernador de la fortaleza de Darabgird. Su sucesor derrotó a los principes de los alrededores y conquistó la provincia de Kirman en calidad de sacerdote-rey, e hizo construir un palacio en Gur, el actual Firuzabad. (330) así terminó la dinastía de los aqueménidas. Esa dinastía se había puesto a la cabeza en Oriente por obra de un pequeño pueblo bárbaro, y no pudo difundir su cultura ni siquiera por todo el imperio; su arte monumental fuera de Persia quedó sólo representado en los palacios (Susa, Babilonia) y en las residencias de los sátrapas. Al contrario, los esfuerzos de los aqueménidas para unificar su inmenso imperio aceleraron la síntesis de las viejas civilizaciones de Oriente y facilitaron el progreso de la civilización griega, que sólo podía expansionarse en un mundo donde los particularismos estuvieran en retroceso. En estas condiciones, de los aqueménidas no quedaba más que el recuerdo de un ejército valiente, de conquistas fulminantes y de reyes todopoderosos. El nacionalismo iraní, que acabaría por triunfar definitivamente sobre la influencia griega con la dinastía sasánida, no iba a engañarse a sí mismo; hizo de estos soberanos, que conocía por las leyendas helenísticas, los primeros héroes de Irán.

Después de la dinastía fundada por los herederos de Alejandro Magno, en importancia para la historia iraní vino la dinastía de los sasánidas, que reinó en Irán desde el 224 hasta 651, en que se produjo la invasión árabe y con ella el triunfo e imposición del Islam. El fundador, Sasán era un sacerdote que vivía cerca de Persépolis. Uno de los hijos de Sasán, Artajerjes, obtuvo el titulo de gobernador de la fortaleza de Darabgird, derrotó a los príncipes de los alrededores y conquistó la provincia de Kirman en calidad de sacerdote-rey, en hizo construir un palacio en Gur, el actual Firuzabad. Se levantó contra el arsácida Artabán V, le venció y entró en la ciudad de Ctesifonte, capital de los partos (226) y se hizo coronar rey de reyes, poniéndose en el sitio del vencido. No tardó en emprender conquistas que extendieron su reino desde Armenia hasta la región de Merv y el Baluchistán. De este modo reconstruyó el dominio aqueménida. Dice la tradición que se unió a una princesa arsácida, reconstruyó un estado fuerte y fundando templos y ciudades inauguró un renacimiento nacional y religioso. Su hijo, Sapor I (241-272) continuó la política de conquistas. Una primera incursión hacia Antioquia, en 241 hizo ver que la dinastía iba a ser más peligrosa para los partos que para los romanos. Sapor conquistó Peshawar, Samarcanda y Tashkent. Seguidamente, volviéndose contra Roma, conquistó Antioquia y logró su mayor victoria contra el emperador Valeriano capturando más de 70.000 legionarios cerca de Edesa (260). Los cautivos, trasladados a la ciudad de Gund fueron puestos a trabajar en grandes obras, tales como un dique (Dique del Emperador) que recogía las aguas del río Karen, cerca de Sustar. Se contaron toda clase de historias sobre los sufrimientos de Valeriano, cuya derrota conmemoran los bajorrelieves rupestres de Naqs-i Rustan, cerca de Persépolis.

Bajo el reinado de Sapor I, Manes, fundador del maniqueísmo, encontró el apoyo de la familia real, pero fue perseguido por los magos y condenado a muerte

En tiempos de Bahram II (276-293), el emperador romano Caro marchó sobre Ctesifonte pero murió en la campaña, con lo que se detuvo la penetración romana. Sin embargo, el rey tuvo que ceder Armenia y Mesopotamia a Roma.

El reinado de Sapor II sucedió a un período de querellas palaciegas, pero de paz con los romanos. El nuevo rey reemprendió la guerra, para vengar las derrotas pasadas, pero la muerte en campaña del emperador Juliano puso rápido fin a este conflicto. Más tarde, bajo el reinado de Bahram IV (388-399) la espinosa cuestión de Armenia, continuamente disputada, se resolvió con una partición. Consideraciones políticas trajeron consigo la persecución de los cristianos, cuando el cristianismo se había convertido en religión oficial del imperio romano. Durante el reinado de Yazgard I (399-420), los cristianos gozaron de la tolerancia real y se constituyeron en iglesia seminacional, bajo la autoridad del obispo de Seleucia y de Ctesifonte (concilio de 410). Bajo Bahram V (421-438), cuyo dinamismo y afición por la caza, la poesía y la música fue inmortalizada por la leyenda persa, los cristianos fueron de nuevo perseguidos y huyeron a tierras romanas. La guerra subsiguiente y la derrota de Bahram obligaron a éste a proclamar la libertad de culto de los cristianos. Con Kavad surgió otro reformista religioso, Mazdak, que pretendía establecer la comunidad de bienes y de mujeres. Luego, Kavad convocó una conferencia religiosa de cristianos, mazdeistas y mazdaquitas, donde estos últimos fueron condenados y asesinados por los soldados.

Corroes I, apodado "El del alma inmortal" barrió las huellas del mazkdakismo restituyendo los bienes y mujeres a sus dueños. Estableció una disciplina rigurosa en el ejército con el que atacó a Justiniano, pillando y saqueando Antioquia (540), desterrando a sus moradores. Destruyó el reino de los hunos heftalíes, lo que le permitió llegar a la frontera del Oxus. Desconfiando de los turcos, construyó muchas fortificaciones defensivas y por último conquistó el Yemen (570), pero en el último año de su reinado fue derrotado por los bizantinos en Melitene.

Corroes II (590-628) conquistó su trono con la ayuda del emperador Mauricio, de Bizancio, a cambio de una parte de Armenia. Después de su estancia en Bizancio regresó con costumbres poco conformes con el mazdeismo. Aprovechó el asesinato del emperador Mauricio para atacar al imperio bizantino, tomó Damasco y Antioquia, saqueó Jerusalén en 614, con matanzas de cristianos y robo de reliquias. El emperador Heraclio I contraatacó, reconquistó el Asia Menor y Armenia, recuperó las águilas romanas llevadas como trofeos y amenazó Ctesifonte (627). Corroes fue hecho prisionero y asesinado. Después de él, los soberanos se sucedieron rápidamente, mientras reinaba la anarquía en la corte. Yazdgard III (632-651) último rey sasánida, presenció la conquista de sus estados por los árabes musulmanes, dueños de la abandonada Ctesifonte, donde robaron todos los tesoros y también victoriosos en Rayy (643). Huyó y se refugió en Merv, donde fue asesinado. Persia perdió au autonomía y al mismo tiempo su religión nacional, el mazdeismo, que poco a poco se extinguió casi completamente. Sólo casi, puesto que el mazdeismo predicado por Zaratustra desafiaría el paso de los siglos y aún pervivía al principio del siglo XXI.

Bajo el dominio de la dinastía turca de los selyúcidas, en la Edad Media europea, junto a los grandes selyúcidas, llamados también selyúcidas de Irán suelen distinguirse otros grupos, los de Irak, los de Kirman, los de Siria y los de Rum o Anatolia. El papel de esta familia turca fue tan considerable que su nombre se emplea a menudo, por extensión, para designar a todos los turcos occidentales de la Edad Media. Malik Sha (1073-1092) se adueñó rápidamente de todo el Asia Menor. A la muerte de Malik Sha, el imperio estaba dislocado y se dividió entre sus cuatro hijos. Sanyar reinó en Jurasan y el Irán oriental de 1118 a 1157, y los grandes selyúcidas desaparecieron a la muerte de Sanyar.

Si el imperio de los grandes selyúcidas fue breve, tuvo una importancia singular porque aportó sangre nueva al Islam, unificó muchas tierras y mostró el camino olvidado de las conquistas. Su éxito se debió sobre todo a la superioridad indiscutible de su ejército, pero también a los métodos de gobierno. Estos se expusieron en parte en el "Libro de política" del gran visir Nizam al-Mulk, brazo derecho de Malik Sha. No se hizo el menor esfuerzo por desnacionalizar Irán; por el contrario, se produjo una iranización de los turcos distinguidos (la lengua oficial fue el persa) y una movilización de los talentos al servicio del iranismo. Nizam al-Mulk dio un formidable impulso a la cultura fundando las universidades que llevan su nombre, Nizaniya, en las principales ciudades. El gran pensador Al-Gazali fue uno de los primeros en enseñar en ellas. Siguió una proliferación de obras maestras: en arquitectura la gran mezquita de Isfahan, en cerámica la fabricación de miles de objetos admirables, en mística Babá Tahir, en letras el poeta filósofo Nasir Jusraw, el poeta narrador Nizami y los panegirisatas Anwari y Jaqani. Algunos de los grandes nombres de Irán provienen de este siglo venturoso.

Entre todos ellos sobresale la gloria imperecedera de Omar Jayyam. En la Persia medieval, desgarrada por contradicciones surgidas de la pugna entre el sustrato cultural autóctono y la civilización árabe impuesta, que en aquel momento defendía el fanatismo religioso, lo que conllevaba el abandono de la libertad de pensamiento y la negligencia en los terrenos científico y literario, una figura como Omar Jayyam equivale a la aparición de un astro inesperado en un cielo tormentoso. Nació en 1048 en Jurasán, hijo de un fabricante de pocos estudios que supo captar las dotes de su hijo y ya a los 6 años le llevó a la escuela junto a la gran mezquita. Allí el niño se inició en literatura persa, árabe, matemáticas y teología. Tan rápido fue el aprendizaje que su maestro Ghazi Mohammed recomendó su traslado a la escuela del famoso matemático Abulhassan Anvari, donde aprendió geometría y astronomía, aunque también estudió filosofía, mística y etica. Omar siguió también las clases del imán Nowafaq Neishabuti y las del jefe Mohammad Mansur, escuela donde algunos suponen que conoció al gran visis Nizam al-Mulk y a Hassan Sabbah, el fundador de la secta israelí conocida como "los asesinos". En las clases de Mohammad Mansur descubrió el pensamiento de Avicena, médico y filósofo que se movía en la línea de Alfarabí, el cual hacia 950 había traducido y comentado a Aristóteles.

Conocido ya como gran científico (dominaba la astronomía, la astrología, las matemáticas, la filosofía y la medicina), cuando viajó a Samarcanda escribió un tratado de álgebra. Su fama siguió en aumento cuando curó de una grave enfermedad al sultán Sanyar.

Su vida, con todo, transcurrió ajena a la vanidad y cuando murió en su ciudad natal de Neisjabur, en el Jurasán, en 1132, por expreso deseo fue sepultado con toda sencillez, pues había dicho: "en mi vida amé el silencio y la calma, no quiero que mi muerte despierte a un niño o a un enfermo".

Su maravilloso poema "Rubayat" vio su primera edición impresa en Calcuta en 1836, al cabo de varios siglos tras su muerte.

La traducción al inglés por Fitzgerald en 1859 supuso el descubrimiento de la obra en el ámbito internacional. A partir de entonces, Omar Jayyam es el poeta persa que goza de mayor fama en el mundo. ¡Qué profundidad tiene¡ Por el sufrimiento, el hombre la libertad alcanza—la gota de agua apresada en la concha se torna perla—Se desvanecen las propiedades, mas queda firme la cabeza—Cuando se vacía la medida, de nuevo se llena.—¡Qué dolor¡. Nos huyeron los bienes de las manos—y el ángel de la muerte derramó sangre de muchos corazones. Nadie del otro mundo vuelve para que le pregunte:—¿Qué fue de los viajeros que del mundo partieron?

PARTE III

EN BUSCA DE UN MUNDO MEJOR

El grupo de amigos se sentía identificado en la admiración hacia los maravillosos versos de Omar Jayyam y el glorioso pasado de Persia. Todos lo compartían. Por el contrario, disentían en materia religiosa. Mehdi prefirió sincerarse y un día les confesó que se había convertido al cristianismo, como había ocurrido a tantos otros persas en los tiempos de la dinastía sasánida, aún conviviendo con los maezditas seguidores de Zaratustra. Había llegado el momento en que se veía realmente integrado con sus compañeros y estaba empezando a revisar la propia misión que le había llevado Irán, que consideraba cada vez más falta de sentido. Se dio cuenta cuando, inesperadamente, Ibrahim le preguntó si se le pasaba por la cabeza volver a Estados Unidos.

-Ya no lo sé, Ibrahim. Todo está muy confuso para mí. Lo único seguro es que mi vida ha cambiado radicalmente desde que puse los pies en el aeropuerto de Teherán. Tengo una mujer y un hijo a los que no abandonaría por nada en el mundo. También un hogar. Y una patria nueva, sí, y que no es Irán precisamente, sino la Persia de la que todos descendemos. Lo que me parece indiscutible es que quiero cambiar el país, librándole de este puñado de clérigos que le está esclavizando desde hace décadas. ¿Te parece digno de él y de nosotros lo que está sucediendo? A mí me bastarían estas semanas ridículas de continuas manifestaciones salvajes y represión formal por parte de las Autoridades para molestarme en pertenecer al Islam. Este radicalismo y esta tontería incalificable nada tiene que ver con mi forma de entender el legado histórico que nos ha llegado. Digo histórico con mayúsculas, no el legado de los pocos decenios transcurridos desde que el llamado "Imán" Jomeini (¿de donde sacan el título de imán con que le enaltecen, cuando no pasó de ser un ayatollah?). Son unos decenios de pesadilla.

-En honor de Omar Jayyam, que fue musulmán, estaría dispuesto a aceptar el chíismo de Irán, aún siendo para mí muy inferior en profundidad religiosa a lo que enseñó el gran Zaratustra—intervino Hamid. Sin embargo, todos sabemos que Omar no era un devoto Islamico, sino un filósofo que dio más importancia al pensamiento de Aristóteles que al de Muhammad, a quien no cita en su poemario. Fue un científico, un médico magnífico, un discípulo de Avicena y de la filosofía griega, quizá un astrólogo además de un astrónomo, pero nadie tiene constancia de que fuera un fiel musulmán practicante de los cinco preceptos. Francamente, no me lo imagino rezando cinco veces al día recitando el Corán, con la frente al suelo en dirección a La Meca, sino más bien planeando viajes en dirección contraria, a Samarcanda `por ejemplo. Desde luego, jamás cumplió el quinto precepto coránico del viaje a La Meca. Ahora, dejadme leeros un pequeño trozo del Rubayat, para que juzguéis el lado místico suyo:

"Yo nada sé; el que me creó—hombre del infierno me hizo o del paraíso—Una copa, una hermosa, un laúd a la orilla del campo—esas tres cosas para mí al contado, y para ti el cielo prometido.

La luna desgarró con luz la falda de la noche—bebe vino, instante mejor que éste no lo puedes hallar.—Sé alegre y no pienses, porque la intensa luz de la luna—planeando sobre la tierra, uno a uno nos iluminará."

-Bueno, algo tenemos que pensar. Omar Kayyam era demasiado humilde y sencillo como para interesarse por la política, que le tenía al fresco, aunque siempre estuviese dispuesto a curar como médico a quien se lo pidiera, sultán o artesano. Nosotros no tenemos más remedio que pensar, al menos para poner un calmante o un freno a la locura en que estamos inmersos ahora. Tenemos que salvar a nuestro amado Irán de los peligros que le acechan por doquier—terminó Mehdi, excitado.

Y en verdad se sentía como si estuviera ebrio, no por ningún alcohol, sino por la borrachera de las palabras e ideas que se agolpaban en su cerebro.

-No es conveniente que te ilusiones tan pronto—dijo Hamid. La tarea que espera es muy larga, porque se trata, ni más ni menos que de transformar hábitos sociales que vienen desde hace muchos siglos, con independencia de los cambios políticos y religiosos. Toma como ejemplo la denuncia social hecha por nuestro mejor director de cine, Jafar Panahi. Hace cinco años lanzó una gran película, "El círculo", desoladora porque no da esperanzas ni explicaciones; no sabemos nada de cada personaje, antes o después de cada episodio, sólo la situación en que se encuentra en ese momento. Panahi renunciaba al melodrama fácil y se limitaba a observar, y lo que vio y mostró constituía una denuncia más elocuente que cualquier proclama. En la primera escena, una mujer se asoma a la puerta e un paritorio, preguntando si ha nacido ya su nieto, y recibe la noticia de que ha sido una nieta como una tragedia: eso supone que su hija será rechazada por su marido y su familia, que esperaban un niño. Tras ella, varias mujeres van tomando el relevo del protagonismo por las calles de Teherán a lo largo de la película. Son muy diferentes por edad y problemas, pero todas sufren prohibiciones, exclusión o persecución: una no puede volver a su pueblo porque está prohibido que las mujeres viajen solas sin autorización; otra busca inútilmente ayuda para abortar, otra es detenida por la policía por haber aceptado la invitación a subirse en el coche de un desconocido; varias tienen que ocultarse en sombríos rincones para fumar un cigarrillo; y el círculo se cierra con otra puerta, pero ahora la mujer esta detrás de ella: es la celda de una comisaría. Panahi acaba de ganar un premio del Jurado del festival internacional de cine la Berlinale, con una película titulada "Fuera de juego". No conozco su argumento todavía, pero es de imaginar que no se trata de nada precisamente alegre. En verdad es terrible la secular discriminación de las mujeres, esto es, de la mitad de la población de Irán. ¿Crees que puede terminarse o aliviarse en poco tiempo?.

-Desde luego, no, porque, además, las leyes Islamicas, especialmente la Shariah no hace más que proclamar el predominio del hombre sobre la mujer, que se convierte como un simple elemento reproductor para la conservación de la especie humana. Es ridículo comparar la situación de las mujeres en el mundo Islamico y en el occidental. Como máximo, podemos reconocer la exaltación de la belleza femenina en la poesía, como en Omar Jayyam, y recordar los casos históricos en que las conspiraciones de las mujeres del harem de los califas daban al traste con el soberano, pero todo ello no puede hacer olvidar la abismal diferencia que existe entre la presencia de las mujeres en los Parlamentos, en los Gobiernos y en las empresas occidentales, y la que tienen en el mundo musulmán. Así será imposible que podamos equilibrar alguna vez el progreso y la justicia entre ambos lados de la Humanidad. Lo más que permitimos como puestos de trabajo a las mujeres aquí es ocupar algunos pequeños empleos administrativos, su contratación como azafatas de aeropuertos y aviones y cosas similares.

-Sospecho—dijo el joven Mohsen—que el Gobierno no está pidiendo la cooperación occidental en asuntos sociales como el de la posición de la mujer. Ya veis que el día 20 de este mes estuvo el ministro de Asuntos Exteriores Manouschehr Mottaki en Bruselas para hablar con la Unión Europea sobre el tema nuclear; incidentalmente, en una rueda de prensa en su embajada señaló que estaban decididos a cortar definitivamente la crisis por las caricaturas de Muhammad. Después de 45 muertos en manifestaciones desatadas en todo el mundo musulmán, entre los que destacaron los que cayeron en la ciudad libia de Bengassi y, sobre todo, en una ciudad nigeriana donde mataron a bastonazos a unos 15 cristianos y quemaron varias iglesias, al fin se han dado cuenta nuestros dirigentes que la opinión que tiene Occidente del Islam es peor que nunca y no para de deteriorarse desde que empezó la utilización de esas viñetas para una oleada de manifestaciones tan masivas como ridículas y salvajes. Tengo la seguridad, por tanto, que, teniendo en cuenta la "espontaneidad" de las expresiones de voluntad popular en países como Irán y Siria, se pondrá fin a esta desdichada anécdota de las últimas semanas. Aunque no creo que sea olvidada y archivada como quisiéramos. Desde luego, lo que ahora prefiere el Gobierno es hablar de negocios, es decir, de asuntos serios. Como la continuación del programa de armamento nuclear, por ejemplo.

-O como la ayuda a Hamas, para que se instaure otra república Islamica en Palestina—dijo Mehdi. Ayer, el líder de la Revolución, Ali Jamenei, anunció que Irán movilizaría toda la ayuda económica necesaria para que Hamas pueda gobernar sin renunciar a sus objetivos fundacionales.

-Son muchos los frentes en que se mueve Irán en estos momentos— reflexionó Hamid. El programa nuclear, hasta decidir si sigue en busca de la bomba atómica o acepta la oferta rusa de encargarse del enriquecimiento de uranio para darlo luego a nuestro país; la posibilidad de un conflicto armado con Israel si nos obstinamos en que Palestina sea una república Islamica; la construcción de un oleoducto que lleve nuestro gas hasta la India y la continuación de la enorme prosperidad financiera que tenemos por los precios actuales del petróleo, siendo nosotros el segundo exportador mundial; si continuamos interviniendo en la entrega de armas y entrenamiento de insurgentes para Irak, asumiendo el riesgo de tener que controlar una muy posible guerra civil entre sunníes y chiíes, enajenándonos el apoyo de casi todo el mundo árabe. En fin, es muy dudoso que el Gobierno disponga de gente suficiente para manejar con autoridad tantos y complicados problemas.

-Personalmente, se me ocurre—dijo Mehdi—que la mejor solución sería tender puentes para que se restablezcan las olvidadas relaciones entre Irán y Estados Unidos. Sí, no pongáis esas caras de asombro. Desde la llegada de Jomeini estamos en guerra abierta con quien llamamos el Gran Satán. Recuerdo muy bien a mi padre cuando, siendo embajador en La Habana, se creía obligado a lanzar en su fiesta anual un discurso insultante contra el Gran Satán, con independencia de que a la vez me tenía inscrito en un gran colegio norteamericano. Aquí todos están haciendo lo mismo. No escuchamos más que diatribas incendiarias a diario contra Estados Unidos y en la misma crisis de las caricaturas, sabiendo muy bien que todo procedía de unas viñetas publicadas en un periódico danés, los mayores gritos de las multitudes convocadas se proferían contra el Gran Satán, que nada tenía que ver con el tema. Sin embargo, ya con el tema del programa nuclear, aunque nuestros interlocutores oficiales sean Gran Bretaña, Francia y Alemania, saben los negociadores de sobra que ninguna decisión es posible sin la supervisión y aprobación de Washington. Para qué aludir al asuntos de Hamas y Palestina. ¿Alguien puede suponer que la política de Israel al respecto no se traza sin consultar con Estados Unidos?. Pues lo mismo ocurre, con mayor razón aún, en Irak. Es el embajador norteamericano en Bagdad, Khalizal, quien es el encargado de trazar la línea roja para contener los intentos de injerencia de Irán. ¿Acaso no es el ejército norteamericano el que se apoderó de Irak en el año 2003 y lo está ocupando con 140.000 soldados?.

El grupo de amigos se disolvió en silencio aquel día, quedando en el aire la sugerencia hecha por Mehdi. ¿Era improvisada o no?. Ni él mismo lo sabía.

Por la noche, al lado de su hermosa mujer, estuvo desvelado, mirando al techo y sumido en cavilaciones que le tuvieron despierto hasta el amanecer.

Cuando volvieron a reunirse había tomado la decisión de sincerarse poniendo las cartas boca arriba.

-Os debo una explicación—les dijo en cuanto se sentaron, tomaron café casi hirviendo y se quedaron callados. Llevamos bastante tiempo juntos, el suficiente para que sepamos lo que nos une y nos separa. Hay unas cosas en que coincidimos ya: la sombra de Omar Jayyam y lo que representa; el deseo de continuar la grandeza del antiguo imperio persa y la veneración de la figura de Zaratustra, como maestro de sabiduría y de esperanza. Pues bien, quiero plantearos en firme que me aceptéis en mi condición verdadera de cristiano—católico, para más precisión—al igual que en el pasado de Persia se admitió la convivencia con los cristianos y los mazdeistas de Zaratustra, convivencia que se ha roto con la llegada del Islam y, sobre todo, desde la llegada maldita del ayatollah Jomeini y sus seguidores, que han establecido una teocracia de hierro en que se debate nuestro pueblo. Además, no como norteamericano, que no lo soy, ni por el propósito de regresar a Estados Unidos, que no lo tengo, sino por el interés general de Irán, pretendo trabajar por mi cuenta a favor del establecimiento de relaciones diplomáticas amistosas entre Washington y Teherán. Tal como se hizo en tiempos del presidente Nixon, entre Washington y Pekín. Parecía entonces impensable, habiendo el contencioso de Taiwán, que Estados Unidos protegía con todo su poderío militar frente a la amenaza de la China de Mao; y sin embargo, las conversaciones que tuvo el Secretario de Estado Henry Kissinger con los dirigentes comunistas, allanaron el camino para el establecimiento de relaciones plenas. De entonces parte el progreso espectacular de China, que hoy está subiendo en flecha y se dibuja como la nueva superpotencia del siglo XXI, junto a la India, también bajo el paraguas económico y militar norteamericano. A mi juicio, las mismas ventajas tendría para Irán una relación amistosa con quien trata como el Gran Satán. Teníamos en el pasado más de 5 millones de kilómetros cuadrados de territorio, muchísimo más que ahora. Con Estados Unidos al lado podríamos ser la gran potencia central de Asia, junto a China e India.

-Es un planteamiento fascinante—comentó Hamid—nada tengo que objetar. Al fin y al cabo, en una cuarteta Omar Jayyam hablaba de la blanca mano de Moisés y la brisa de Jesús, a quien Muhammad reconocía como un gran profeta, aunque por supuesto él se consideraba el último de los profetas, portador de la verdad radical. Sobre el asunto de Estados Unidos, mucho más importante que la fe de los que nos reunimos aquí, entiendo que lo quieras llevar solo, sabiendo que cuentas con nosotros si en algo podemos serte útiles, que lo dudo o no preveo por ahora. Supongo que tendrás forma de hacer ver tus ideas a tus amigos de Washington.

-Así es. Claro que, os lo advierto, esto exigirá un viaje mío, para poder explicarme a fondo. De otro modo, temo que todo quede subordinado a un desarrollo imprevisible de los acontecimientos internacionales.

Con ello, todo estaba dicho y faltaba intentarlo de hecho. Por consiguiente, arregló en su Ministerio de Turismo otro viaje, que esta vez sería a una Feria en Dubai. Obtuvo sin dificultad el permiso y unos días después aterrizaba en el aeropuerto del emirato, que gozaba una etapa de prosperidad económica y financiera desconocida hasta entonces. Allí llamó al general Michael Hayden, Subdirector de la Agencia Nacional de Seguridad de Estados Unidos y le pidió que le recibiera junto con el director de la CIA, Goss, a fin de discutir unas propuestas que les llevaba sobre Irán. Sabía que en realidad Estados Unidos estaba preocupado por tener que llevar los asuntos iraníes a través de intermediarios y limitándose en su labor de obstrucción del Gobierno teocrático a financiar grupos de insurgentes que podían crear obstáculos pero nunca derribar el régimen.

Como esperaba, en el aeropuerto internacional de Washington le esperaba un coche oficial, que llevó directamente hasta Langley. Mehdi tenía la ventaja de poder pasar dormitando o durmiendo todo el viaje en avión, por lo que se sentía descansado cuando entró en la sala de reuniones donde le esperaban sus superiores. De ellos no conocía solamente al general Hayden, cuya corpulencia, típicamente americana, no le sorprendió.

Tras poner una grabadora que registraría cuanto hablara, Mehdi empezó por contar la evolución de los acontecimientos en Teherán desde el comienzo de la reciente crisis de las caricaturas de Muhammad. Cuando dijo que podía darse por zanjada la injerencia iraní, vio que sus interlocutores daban señales de alivio.

-Desde luego, es una circunstancia desagradable, y créanme que lo he pasado mal asistiendo a aquellas multitudes escuchando emborrachadas al loco del presidente Ahmadinejad para luego cometer toda clase de desmanes encaminados exclusivamente a insultar a Estados Unidos, Israel y la pequeña Dinamarca, que les importaba un comino. Afortunadamente, cuando todo eso está en el pasado, salvo alguna pequeña escaramuza en un pequeño rincón del mundo musulmán, para enfrentarse a los gravísimos asuntos que tenemos pendientes—Rusia, el programa nuclear, Hamas y Palestina, Irak y la expansión del chiísmo creo que ha llegado el momento de una revisión de toda la acción exterior sobre Irán y tomar medidas. Para ello he venido.

-Procure ser claro y sintetizar sus ideas—dijo Hayden. Piense que toda la grabación irá a los más altos niveles.

-Mi opinión, en síntesis, es que no debemos operar con más intermediarios, por mucha confianza que tengamos en nuestros primos los británicos. Allí, en Irán, todos odian a Gran Bretaña y la acusan de estar tirando de los hilos en todas las operaciones que se hacen contra el país, desde los tiempos de la caída de Mossadegh hasta ahora. En fin, ahora va la síntesis de lo que me permitiría aconsejar para llevar las riendas desde ahora hasta el futuro indefinido: vayamos al establecimiento de relaciones diplomáticas plenas con Teherán. Como hicimos con la China de Mao, pese a ser un país comunista empeñado en invadir y conquistar a nuestro aliado Taiwán. Podemos dar a Irán mayores compensaciones; o, al menos, parecidas, porque pienso que podemos convertirlo en la principal potencia del Asia Central, coexistiendo con Israel e Irak en el Próximo Oriente y situándose exactamente entre China y la India, dentro de la geopolítica del siglo XXI

Pasó la noche, durmiendo plácidamente en el hotel que le habían asignado. Tras afeitarse y vestirse, desayunó en la cafetería del primer piso y esperó la llegada del automóvil que le llevaría de nuevo a Langley. Allí le esperaban solamente el director general de la CIA, Goss, y el general Hayden. Goss tomó la iniciativa y una vez preparada la grabación de cuanto hablaran, prefirió ir al grano sin rodeos.

-Ayer he tenido tiempo de informar al Departamento de Estado, que está sopesando cuidadosamente lo que nos ha dicho. Puedo anticiparle que la impresión es en principio favorable a sus tesis, aunque será necesario en todo caso dar muchos pasos exploratorios. No se le oculta que tenemos muchos canales abiertos potencialmente para entrar en contacto oficioso con los iraníes, desde las embajadas ante las Naciones Unidas hasta los Gobiernos de los Emiratos del Golfo, que, siendo aliados nuestros, cuentan igualmente con una buena relación amistosa con Irán. Ahora, me gustaría que aprovecháramos este último día de su estancia en Estados Unidos para ahondar algo en temas que hemos abordado superficialmente. Uno de ellos, quizá el principal para comprender mejor la mentalidad iraní, es el de la crisis de las caricaturas, que hemos seguido de lejos aquí.

-Ya he visto que el Presidente Bush se limitó inicialmente a recomendar que hubiera calma y se respetara por toda la gente a las creencias religiosas de cada pueblo. Lo mismo ha dicho entonces el Papa Benedicto XVI, que se caracteriza por la prudencia, y aún ahora sigue impertérrito. Afortunadamente, les han hecho finalmente caso y la oleada de manifestaciones salvajes ha pasado, siendo imprevisible que se reanude una vez que Irán y Siria han sacado al tema todo el provecho imaginable. Así, estamos en la etapa de la reflexión sobre lo acaecido, para entender su significado y el alcance que tiene.

-En efecto, podemos entrar en ese análisis, poniéndonos tan por encima del tema como lo hace el presidente iraní con su oportunismo característico.

-Quizá quien mejor lo ha captado es Thomas Friedman el autor del espléndido ensayo "El mundo es plano", que no en vano sigue siendo uno de los primeros best-sellers al cabo de más de 40 semanas. A su vez, él nos recomienda, para comprender lo que llama el asunto danés, que leamos el libro clásico de Samuel Huntington, "El choque de civilizaciones", aunque también aconsejaría una relectura de Marx teniendo en cuenta que la cólera desatada es el fracaso de muchos países musulmanes en construir economías que preparen a los jóvenes para la modernidad. Antes del trivial asunto de las viñetas tuvimos también como enorme provocación una historia de la revista Newsweek sobre una supuesta desecración del Corán. El hecho es que el más leve insulto llega a lo más hondo del ser, porque su piel parece muy delgada, La India es el segundo país musulmán del mundo, pero las protestas por las caricaturas, al revés que en Pakistán, han sido tan pacíficas que casi no se las ha prestado atención. Una razón de ello es que los musulmanes viven allí en una democracia floreciente, siendo muestra de ello que el hombre más rico de la India es un empresario musulmán de software. En cambio, la mayoría de los jóvenes árabes viven en naciones que les privan de toda oportunidad de realizar su potencial pleno.

Friedman añadía a los datos de su ensayo el que de acuerdo con el Consejo de Pakistán para Ciencia y Tecnología, los paquistaníes no han podido registrar internacionalmente más que 8 patentes en 57 años. Hoy, raras veces encontramos un nombre musulmán en un periódico científico. Las aportaciones musulmanas a la ciencia pura y aplicada—en forma de descubrimientos, publicaciones y patentes—son marginales. La dura verdad es que la ciencia y el Islam han ido por caminos separados desde hace muchos siglos. En síntesis, la experiencia musulmana consiste en una edad dorada de la ciencia desde el siglo IX hasta el XIV, luego vino el colapso, luego un modesto renacimiento en el siglo 19 y luego una profunda retirada de la ciencia y la modernidad que empieza en las últimas décadas del siglo 20. Esta retirada parece estar ganando velocidad ahora.

-En la revisión de la crisis—continuó Mehsi—conviene repetir lo que ha dicho un periodista jordano, Momani: "¿Qué produce más perjuicio al Islam, estas caricaturas o las fotografías de un secuestrador degollando a su víctima frente a las cámaras, o un suicida que se vuela por los aires en una ceremonia de boda"? La presidenta de un grupo de periodistas sin restricciones comentaba: "Esto se ha convertido en un juego entre los extremistas y los Gobiernos, inseguros sobre la forma de contenerles. Y un juez egipcio, autor de muchos libros sobre el Islam político, se preguntaba con desmayo: "¿Cómo puedo escribir? ¿Quién va a protegerme? ¿Quien va a publicarme por primera vez? Con la islamización de la sociedad, la lista de tabúes está aumentando a diario. No debes escribir sobre religión. No puedes escribir sobre política o sobre mujeres? ¿Qué queda entonces"? Al final, los Gobiernos árabes, siempre totalitarios, han escogido apaciguar a las voces extremistas, encarcelando y silenciando a los moderados.

-Personalmente opino—dijo Goss—que deberíamos llevar una política de respeto mutuo entre las religiones, para no salir malparados.

-Frente a su tesis, director, me pregunto cómo puede conseguirse eso en una sociedad donde se sostiene la libertad de expresión, como base fundamentalmente del progreso cultural. No quiero referirme ahora a los pequeños políticos separatistas del sur europeo que se divertían en una visita a Jerusalén haciéndose fotografías una vez que se colocaban coronas de espinas en la cabeza, haciendo burla de Jesucristo. Pero, ¿qué ocurre con la propia creatividad literaria norteamericana?. El siglo pasado tuvimos figuras señeras, como Faulkner, Dos Pasos, O'Neill, Capote, Steinbeck, que hacían grandes obras sin mofarse nunca de Jesús, cuanto menos de un lejano profeta llamado Muhammad. Ahora, está en primera línea una serie de grandes escritores, como John Grisham, Noah Gordon, Michael Crighton, Anne Ryce o los innumerables autores de novela negra, teniendo como abanderado a Stephen King y Dean Koontz ya en lo puramente terrorífico, que no han tenido necesidad de escandalizar a nadie en materia religiosa para triunfar plenamente. Sin embargo, como no hay regla sin excepción tenemos el caso relevante de Dan Brown, el hombre que más ejemplares ha vendido en los últimos años. Para alcanzar el éxito no ha dudado en hacer especulaciones injuriosas sobre Jesucristo, atribuyéndole su matrimonio con María Magdalena después de la resurrección, teniendo de ella un hijo que sería el principio de una progenie duradera a lo largo de 20 siglos. Sin el apoyo de documento alguno, atropellando los hechos que conocemos desde la primera enseñanza, este ilustre comerciante hace una mezcla en su célebre "El Código Da Vinci" de blasfemias, organizaciones religiosas convertidas en nidos de asesinos y un largo etcétera de aventuras demenciales que siguen la pista ya esbozada desde su primer libro, escrito tomando como escenario de las hazañas de sus personajes una Sevilla a la que dice amar tanto como a los españoles. En verdad, la literatura se ha comercializado y prostituído por la nefasta influencia que ha ejercido este hombre, causando la proliferación de escritores que en el mundo buscan el triunfo con la falsificación sistemática de la historia y de las religiones. Ya ve, señor, que tenemos como horizonte una guerra cultural, además de la guerra de civilizaciones y del enfrentamiento directo entre el Islam y Occidente.

-Desde luego, mi Gobierno está pensando enfrentarse a este grave problema con toda clase de medios y, de hecho, estamos trabajando activamente para que se hagan fuertes inversiones en materia de expansión de la cultura norteamericana en los territorios musulmanes. Los primeros viajes que se han hecho para explorar las perspectivas parecen muy prometedores y, sin duda, algo contribuirá también al acercamiento deseable lo que estamos haciendo en cuanto a creación de programas radiados, visitas de intelectuales y escritores norteamericanos, y un largo etcétera. Claro que la lucha será larga y difícil, porque tiene largo alcance y tropezaremos con grandes obstáculos. Por lo demás, los posibles tanteos diplomáticos no obstaculizarán la financiación de los grupos de resistencia armada a los regímenes totalitarios como el iraní y el sirio; e incluso el envío de armamento especial a los combatientes y la organización de actos de sabotaje que por lo menos retrase el programa de armamento propio de esos regímenes y de sus aliados en Palestina e Irak. Nos preocupa, más que el empecinamiento iraní en lograr la bomba atómica, lo que suceda con Hamas y con la consecución de una democracia estable en Irak. Los iraníes están haciendo un enorme esfuerzo para promover la guerra civil entre los chiíes y sunníes en Irak, en tanto cuentan con la lealtad de un régimen chií que podría convertirse en una expansión iraní solapada. Ya sé que tenemos la alianza segura de los kurdos, cuyo presidente Talabani, que es a la vez el presidente de la república, está haciendo advertencias constantes para impedir los enfrentamientos entre las dos ramas del Islam, mientras él mismo es la mejor garantía de que será un aliado seguro, tanto como puede serlo Israel. El Próximo Oriente es, si me apura, una tenaza entre la lealtad de Israel, inconmovible, y la de los kurdos en la pugna por estabilizar democráticamente a Irak. Probablemente me estoy precipitando al hacer augurios, pero soy en definitiva optimista. En lo que a Vd concierne, vamos a enviarle pronto un americano que está luchando ya en las filas de los guerrilleros que se oponen a los ayatollahs. El se presentará a Vd en cualquier momento y le proveerá de armamento sofisticado para acciones puntuales.

-De poco vamos a servir, señor, en ese terreno. Mi grupo está constituído por personas altamente religiosas y cultas, que no comparten el Islam, ya que son discípulos de Zaratustra, y sueñan en el restablecimiento de la gloria de la Persia antigua. A ellos les habla de Omar Jayyam, un maravilloso poeta, médico y científico del siglo XI, y comprobará que sintonizan con Vd inmediatamente.

Les habla del Avesta y de lo que hizo Zaratustra en el siglo VII antes de Cristo y verá que se alinean a su lado. Sin duda, no rendirán pleitesía a Ali Jamenei ni a Ahmadinejad, pero dudo que sean capaces de la menor acción armada. En cambio, sí podrían ser muy útiles en el acercamiento diplomático, porque creen en él, excepto uno, que es Guardián de la Revolución y por tanto experto en materia de armas.

-Así que—dijo, pensativo, el director Goss—esos hombres servirían solamente para ser suicidas con un chaleco de explosivos en la cintura, si lo consideraran preciso para su causa. Menos mal que Vd es un hombre mucho más civilizado, puesto que se ha educado en Estados Unidos. Puede ser muy bien que continúe sus relevantes servicios hasta que acabe su misión informativa y podamos devolverle a nosotros con su familia.

-Sinceramente, dudo mucho que vuelva otra vez a poner pie en Estados Unidos, pese a mi vinculación a este país. Comparativamente, confieso que me siento mucho más iraní, más interesado en trabajar por la paz en Irán y para restituirlo a su pasado glorioso. Como cristiano, el mensaje de paz está mucho más acorde con mi condición humana que el de la guerra. Soy pues un "espía" de capotilla, un aficionado que trabaja como puente entre dos civilizaciones muy distintas. Esta es la realidad y así hay que aceptarme o rechazarme. Mi familia ha nacido, toda ella, en Irán, y no debo alejarles de su patria, cuando son un estímulo más para que yo me vuelque a favor del sueño de la paz.

Goss le miró sonriendo y, tras un corto silencio, abrazó a Mehdi.

-En efecto, es Vd. un recluta muy especial, pero probablemente el hombre más complejo y fiable que he tenido hasta ahora. Vuelva a Dubai ahora, reúnase con el grupo de sus amigos y siga dándome sus opiniones sinceras sobre cuanto vaya sucediendo. Estamos ante una época convulsa, se nos tienden trampas continuas por doquier y no podemos permitirnos el lujo de prescindir de la ayuda de hombres de valía inestimable como Vd. Vamos a intentar alguna empresa demencial, pero con un porcentaje de probabilidades de éxito en cualquier caso. Por falta de medios no quedará, ni tampoco por falta de ilusiones. Dios le bendiga.

-¡Ah, se me olvidaba¡ dijo Goss cuando le acompañó hasta el automóvil que le esperaba para llevarle al aeropuerto. ¿Quién es ese Omar Jayyam del que dice Vd. es una maravilla pero que yo no conozco?.

-Una maravilla, desde luego, pero no es extraño que le desconozca, porque durante 8 largos siglos nadie le conoció en Occidente, hasta que un tal Fitzgerald hizo la traducción de sus cuartetas al inglés y le hizo el persa más famoso en Occidente. No se pierda, señor, la lectura del "Rubayat". Es el mejor regalo que se me ocurre hacerle en un mundo tan racional como el nuestro—terminó, riendo.

Hizo el viaje de regreso a Dubai, contento por la experiencia habida en Langley y por los intercambios de ideas que allí se habían producido. Tenía mucho que contar a los amigos. Pero antes de tomar el avión para Teherán, compró en el aeropuerto un juguete para su pequeño hijo y un pendiente de perlas para su amada Lahra.

En su casa de Teherán, era tal la impaciencia de sus amigos que le obligaron a pasar dos días enteros de charla entre ellos, para contarles su viaje, mientras todo transcurría sin grandes cambios en Irán. El Secretario del Consejo Supremo de Seguridad Nacional, Ali Larijani, a quien Mehdi había conocido incidentalmente, teniendo con él una conversación muy interesante en su casa de Teherán dijo que definitivamente el Gobierno iraní ayudaría con dinero a Hamas, para que pudiera resistir a la crueldad americana. Lo dijo después de reunirse con el líder de Hamas Khaled Mescal, aunque no dio detalles ni cifras concretas sobre la clase y el nivel del apoyo que Irán facilitaría. Israel ya había bloqueado la ayuda mensual de 50 millones de dólares a la Autoridad Palestina, hasta ver el curso de los acontecimientos en el territorio. Sin embargo, el cuarteto de la Union Europea, Rusia y las Naciones Unidas había aprobado seguir financiando al Gobierno de transición subsistente hasta la toma del poder por Hamas. Mescal había viajado por países musulmanes pidiendo ayuda financiera a los palestinos. El lunes 20, el líder supremo religioso iraní Ali Jamenei pidió a los países musulmanes que dieran a la Autoridad Palestina una financiación anual como medio hacia la unidad espiritual. El Presidente Ahmadinejad indicó el mismo día, después de reunirse con Mashel, que Irán daría financiación abiertamente. "Dado que los tesoros divinos son infinitos, no deberéis preocuparos por asuntos económicos" dijo devotamente a Meshal según informó la agencia estatal de noticias IRNA. Sin embargo, el portavoz del Ministerio israelí de Asuntos Exteriores Mark Regev se apresuró a advertir que Israel trataría de bloquear los fondos iraníes para que no pudieran llegar a una Autoridad Palestina dirigida por Hamas. "Tenemos todos los títulos para usar los medios legales encaminado a que el dinero no llegue a los terroristas. El nuevo liderazgo palestino tiene que decidir si quiere formar parte de la legítima comunidad internacional o si quiere, por sus propios actos, alinearse con los parias internacionales". En la ofensiva diplomática israelí, el 22 de febrero el líder del partido laborista de Israel, Amir Peretz, pidió a los musulmanes que comprendieran que Israel no podía tratar con Hamas. "Es una clara posición moral que no podamos reconocer a un partido que pide la destrucción de Israel" dijo después de entrevistarse con el presidente egípcio Hosni Mubarak. Entre tanto, Estados Unidos no había cortado todavía su ayuda, pero anunció una revisión y que había pedido a la Autoridad Palestina devolver los 50 millones de dólares dados el último año para mejoras de infraestructuras, cuando Israel se retiró de la franja de Gaza. Por su parte, el derrotado Fatah dijo que seguiría en la oposición, pero Asma al-Ahmad, jefe de la minoría parlamentaria del partido, advirtió que estaban en un diálogo con Hamas que no había hecho más que empezar, aunque esperaban encontrar un terreno común de entendimiento para sellar un acuerdo. Fatah insistía en que Hamas aceptara el programa de Abbas de negociar con Israel, limitándose sólo a una resistencia pacífica a la ocupación israelí. Otro líder de Hamas decía que era intención de todas las facciones participar en el nuevo Gobierno, incluyendo a los hermanos de Fatah. En suma, todos seguían con las espadas, o los puñales, en la mano observándose recíprocamente a la espera de un acuerdo que les conviniese. La política del engaño enraizada en la tradición musulmana.

La contradictoria realidad de la vida en Iraní se reflejaba claramente en mil experiencias. Las muchachas y los muchachos esquiaban en las laderas de Dizin al norte de Teherán, escuchando en sus auriculares canciones de Madonna, Shakira y la diva pop persa Googosh. Una joven de 25 años, diseñadora gráfica, exhibía una pancarta estrellada que la había enviado un primo de California. Moderna y cosmopolita, no tenía opiniones en común con las del ultra-conservador Presidente, excepto en lo que se refería al armamento nuclear. "Tenemos derecho a disponer de tecnología nuclear. Somos una civilización antigua y una rica cultura. Creo que es muy hipócrita por parte del Sr. Bush criticar a Irán por tener tecnología nuclear, mientras Pakistán, India e Israel tienen bombas nucleares". Lo cierto es que la investigación atómica, incluso las armas atómicas que oficialmente el Gobierno iraní dice que no quiere, son temas que suscitan un feroz orgullo nacionalista a través de todo el país. Ahmadinejad lo sabe. En la semana anterior, provocó una crisis internacional quitando los sellos del equipo de procesamiento nuclear, terminando una moratoria voluntaria sobre investigación. Después de una tormenta de cólera en Estados Unidos y Europa, con la promesa de aislar a Irán y llevar al régimen ante el Consejo de Seguridad de las Naciones Unidas, Ahmadinejad convocó una conferencia de prensa en la que se mostró relajado y bromista: "Si quieren destruir los derechos de la nación iraní por ese camino, no tendrán éxito". Y podría tener razón. El complicado juego de secretos y revelaciones, cooperación y provocación, que los mullahs han hecho sobre las escondidas instalaciones nucleares descubiertas el año 2002 revelaron qué pocas perspectivas tienen Washington y sus aliados. Pero la Administración

Bush y los líderes europeos claramente confiaban en que podrían apelar a las supuestas masas que de algún modo se oponían al régimen. "El pueblo iraní, francamente merece algo mejor" dijo la Secretaria de Estado Condolezza Rice. Lo pasó mal en decir cómo los esfuerzos por aislar al Gobierno no aislarían al pueblo. Un diplomático europeo implicado en las negociaciones con los iraníes decía: "Hay millones de personas en Irán que quieren ir adelante con la democracia, pero desgraciadamente no hemos sido capaces de ayudarles, y al mismo tiempo el asunto nuclear unifica al país.

Según Condolezza Rice era muy posible que el régimen iraní haya calculado mal, siendo de esperar que, viendo la poderosa reacción de la comunidad internacional, dé un paso atrás y considere lo que va a experimentar con el aislamiento. Sin embargo, dada la opinión reinante en Irán, Ahmadinejad y Ali Jamenei quizá gusten de ser tratados como delincuentes. Los radicales sólo pueden existir en una situación de crisis y aislamiento del resto del mundo—dijo Sacid Líelaz, un analista político sobre Irán. Esto puede justificar su presencia en el poder y controlar el país como quieran". Desde luego, no era una perspectiva feliz para los esquiadores de Dizin, pero era difícil romper el vínculo que hay entre apoyar los derechos nucleares y respaldar el régimen paria que les defiende.

La reivindicación iraní era utilizar la instalación sin sellos de Natanz (y otras dos sin localizar) para la investigación con fines pacíficos. La base de la convicción de que aspiraba a tener la bomba atómica se basaba en un desarrollo histórico claro: la construcción de la instalación de Natanz empezó el año 2000 y siguió siendo secreta hasta que, dos años después, fue revelada por un grupo de la oposición al régimen. En agosto del año 2003 se informó que las Naciones Unidas habían encontrado partículas de uranio altamente enriquecido en Natanz. En octubre, Irán se manifestó de acuerdo con suspender el programa de enriquecimiento, pero continuó la construcción. A mediados de 2004, el techo de la planta centrifugadora había sido cubierto con 20 pies de cemento y enterrada bajo 75 pies de tierra. Finalmente, el 7 de enero del 2005 Irán anunció que había quitado los sellos de los componentes centrifugadores, aluminio de gran fuerza y dos cilindros de gas de uranio, es decir, todos los elementos para el enriquecimiento. La crisis quedaba servida.

El grupo de Mehdi estaba en reunión prácticamente diaria para debatir cuáles serían los caminos a seguir para colaborar en la persecución del objetivo de llevar Irán a la reintegración en la comunidad internacional y quizá en la busca del acuerdo con Estados Unidos que, sin duda, estaba intentándose desde Washington por diferentes conductos a la vez, tal como se había dicho a Mehdi durante su última estancia en Langley.

En ese estado de cosas, uno de los miembros del grupo, Ibrahim, decidió tomar una iniciativa por su cuenta, sin consultarla con nadie.

Tenía un automóvil propio, como casi todos los habitantes de Teherán, cuyo tráfico era el más denso y caótico del mundo, incluso peor que el de El Cairo, entrenado, pues, en conducir a toda velocidad, sorteando innumerables ocasiones de chocar con otros y sin hacer caso de los guardias que se instalaban en el centro de algunas de las principales plazas para contemplar impotentes la riada de vehículos que se precipitaban en un torrente incontenible. Ciegamente, se encaminaba al sur, en busca de la famosa instalación de Natanz, fiándose de unas indicaciones vagas que le habían hecho unos amigos pertenecientes a grupos opositores.

Ni por un momento se le ocurrió que algo tan importante no dejaría de estar rodeado de grandes medidas de seguridad que él solo no podría jamás traspasar. Así, cuando tomó la bifurcación de la carretera principal no tardó en tropezar con un puesto de control que bloqueaba por completo el camino de asfalto. Los soldados que le dieron el alto estaban respaldados por un tanque que, a lo lejos, tenía el cañón apuntando en dirección a todos ellos. Dio su documentación, en la que aparecía como funcionario de la agencia IRNA.

En el acto fue detenido y conducido por dos soldados a un barracón donde le sentaron frente a un oficial. Este examinó sus documentos y le miró con sarcasmo.

-Espero que tengas una explicación inteligente para justificar por qué vienes a Natanz.

-En realidad, no me han encargado nada específico en la Agencia. Como periodista quería hacer un reportaje, con la seguridad de que sería aprobado y publicado.

-En otras palabras, eres un espía que viene a informarse sobre secretos de la seguridad nacional. ¿Sabes cómo se castiga el delito de alta traición? Sí, alta traición porque intentas obtener algo que sólo interesa a nuestro Gobierno y a potencias extranjeras.

Pulsó seguidamente un timbre y en el acto apareció un pasdarán uniformado de extraordinaria corpulencia.

-Te lo encomiendo, Ahmed. Es un estúpido y no merece la pena que malgastemos tiempo en reunir un tribunal para que le juzgue. Desembarázate de él en la forma más expeditiva.

El gigante le cogió por el cuello, le levantó en vilo y le sacó al camino. Había un puentecillo cercano, seguramente para entorpecer la llegada de vehículos indeseables. Era ya de noche y una luna resplandeciente iluminaba el lugar. Fue arrastrado a una barandilla, desde la que pudo otear el fondo negro del terreno. Intentó librarse, pero le tenían bien sujeto, notando que le estaban estrangulando poco a poco. La respiración entrecortada fue debilitándose. Los ojos se le nublaron, ya en la agonía y entonces, mirando por última luz a la blanca luna, percibió por primera vez que soplaba una dulce brisa, mientras un océano infinito de estrellas le contemplaban indiferentes. Por un instante postrero trató de rezar. Se le agolpaban en la mente la imágenes de sus padres, de un hermano, de una amante, de los amigos y compañeros de su grupo. Y, mientras caía por encima de la barandilla, al estrellarse sobre el terreno pedregoso murió.

Habían registrado a fondo el cadáver, encontrando la dirección de la casa en que vivía, además de otra dirección que no se sabía a quien pertenecía, aunque no parecía que se tratara de algo importante. La cuestión era que desapareciera sin que quedara rastro del lugar adonde había ido. Así, condujeron el cuerpo en una camioneta a Teherán, buscaron la modesta casa en que había vivido Ibrahim, y le depositaron, tirado como un pelele, en la puerta. Al día siguiente, su familia se lo encontró, con horror. Miraron hacia todas partes, sin ver a nadie. Se dirigieron a una comisaría de policía y denunciaron la muerte.

Mehdi y los demás compañeros estaban muy preocupados por la inesperada desaparición de Ibrahim. Finalmente, fueron a su casa, y allí descubrieron que había sido asesinado y tirado ante la puerta. No quisieron saber más. Había sido, cruelmente, la primera baja que sufrían en la búsqueda temeraria de una paz quizá utópica. Todos oraron por la salvación de su alma, pensando que el Dios Todopoderoso se apiadaría de él y fuera compasivo. Mehdi no encontró nada más hermoso, en honor de su amigo, que una cuarteta del Rubayat de Omar Jayyam, quizá la que él prefería de todas:

-¡Oh amigo¡ Ven y por el mañana no nos apenemos—De esta vida aprovechemos todo aliento.—Mañana, cuando dejemos esta morada transitoria,—con aquellos de hace siete mil años dormiremos

Pero, en lo más íntimo de su ser, Mehdi sintió que su homenaje del amigo muerto era falso recurrir a palabras del gran poeta, que no eran más que eso, palabras, sin que tuvieran nada que ver con el alma inmortal que se había elevado al cielo sin poder invocar el perdón de sus pecados ni pensar siquiera en su resurrección al final de los tiempos. Se daba cuenta de que, sin embargo, aquel golpe moral estaba sirviendo para que revisara a fondo las cosas en que se había sustentado su vida hasta entonces.

En primer lugar debía volver la espalda a los fraudes que se cometían por ignorancia o por simple oportunismo político.

Así ocurría con la famosa oleada de estupideces que se habían cometido con la historia de las caricaturas danesas, por el delito mortal que había supuesto burlarse de la efigie del profeta, olvidando los occidentales que para la religión musulmana estaba prohibida hasta la reproducción de una imagen cualquiera de Muhammad. Mas ¿era cierto esto último?, ¿no había habido épocas en que se pudo hacer, dando pie a un arte exquisito, como había hecho el cristianismo con Jesucristo y con sus santos?

Hay miniaturas del arte turco-iraní que representan juntos a Jesús y Muhammad, a lomos de un burro y un camello, respectivamente. Aunque es verdad que la tradición musulmana está incómoda con la representación de figuras animadas—al igual que el judaísmo y practicó durante su etapa iconoclasta el imperio bizantino—y que la corriente ultraortodoxa wahabí en Arabia Saudita la prohibió, hay miniaturas persas que durante los siglos XIV y XV representan a Muhammad, algunas lo hacen con el rostro velado, otras con un aura de deslumbrante esplendor, delicadísimas las que lo representan en su viaje celestial sobre su bello corcel al-Buraq, acontecimiento central de la experiencia mística, el encuentro del alma con la divinidad (mi´rax). Los poetas y artistas y los miniaturistas persas, tal como lo vio R. Ettinhausen, presentan la ascensión del profeta vestido con túnica verde a lomo del blanco jumento al-Buraq con cola de pavo real y cabeza de ángel, durante el siglo XIV. Abdelwahab Meddeb, profesor de origen tunecido radicado en Francia, comisarió en otoño del 2005 la exposición "Occidente visto desde Oriente", mostrada en Barcelona y Valencia. Allí se expuso una miniatura de Rashid al-Din, de 1314 titulada "Muhammad recibe la primera revelación del ángel Gabriel" en la que el profeta aparece sentado en el suelo, con las facciones perfectamente dibujadas y coloreadas, tocado con turbante blanco, largo cabello, barba, a la escucha de un ángel alado coronado, que le señala con el índice de la mano izquierda. Meddeb explicó que la fobia de los musulmanes a la imagen no está basada en ninguna prohibición coránica, sino en ciertos hadices o dichos del profeta, uno de los cuales la considera maléfica y otro sitúa en el infierno a los pintores y hacedores de imágenes. Es una concepción que considera la imagen como algo incompleto e irrisorio, tal como hizo Platón en la República. Fue el puritano fundador del wahhabismo, religión de Estado de la Arabia Saudí el que decretó que, puesto que al profeta no le gustaban las imágenes, la obligación de los fieles era destruirlas. Resultado, la destrucción de los budas afganos de Bamiyan por los talibanes apadrinados por los saudíes o, décadas atrás, el asesinato del rey Faysal por haber introducido la televisión en el reino, una "innovación satánica" que reproducía imágenes vivas y animadas. Meddeb añadió: "Lo único que no se encuentra en el Islam es la representación de Dios; del profeta tenemos también un manuscrito de Herat, del siglo XIV, una "Historia monumental del mundo", escrita por Rashid al-Din y conservada en la universidad de Edimburgo, que reproduce, a imitación de la Natividad, el nacimiento de Muhammad y la Anunciación. Ha sido la fuerza de la costumbre lo que en el espacio árabe ha hecho un tabú de la imagen, pero las cosas no han sido así ni en el espacio turco ni en Asia Central. Incluso Ibn Arabí, heredero de la prohibición mosaica y la iconofilia cristiana, legitima la imagen".

Por parte del cristianismo se mantuvo al principio de forma estricta la negativa a representar la imagen divina; era un modo de afirmar su fe ante el superpoblado altar grecorromano. Debido a dicha influencia y, sobre todo, a su institucionalización como religión del imperio romano, los cristianos fueron abriendo la mano y pronto rindieron culto a una enorme abundancia de imágenes que daban corporeidad a Dios Padre, Cristo, el Espíritu Santo, la Virgen, los Apóstoles y mártires que fueron nutriendo el santoral. Con el tiempo, esa proliferación sería objeto de agrias polémicas, zanjadas con suma violencia en ciertas etapas de la Historia. La más conocida es el movimiento iconoclasta que azotó Bizancio en los siglos VIII y IX. Iniciado como una reacción teológica ante el fanatismo casi idolátrico del culto a las imágenes, degeneró en la destrucción a sangre y fuego y en el saqueo de iglesias y monasterios. La revuelta sería aprovechada políticamente por el emperador Leon III el Isaurio y algunos de sus sucesores, convertidos a la iconoclastia, que exterminaron a sus enemigos y les arrebataron tierras y propiedades mientras se distanciaban más de Roma.

Los protestantes protagonizarían a partir del siglo XVI otra embestida contra las imágenes religiosas, partiendo de la denuncia de idolatría que propiciaba su uso y abuso mercantilista por parte de la Iglesia. Lo que comenzó como disputa doctrinal propició también violencia mezclada con intereses políticos y reivindicaciones sociales y económicas. Destrozar retablos y esculturas, quemar iglesias y monasterios acompañó a la violenta rebelión de los campesinos alemanes poco después de que Lucero rompiera con Roma. Las distintas ramas de la Reforma protestante que se han sucedido desde entonces han renunciado en la práctica a toda imaginería en sus iglesias salvo el símbolo básico de la cruz.

Otra gran farsa era la que estaba desarrollándose ahora con la paulatina intervención de Rusia en el conflicto iraní, con ofrecimientos y pactos encaminados a afianzar la presencia rusa en Irán. No se trataba de nada nuevo.

Aparte del temor por su flanco sur del Cáucaso, cobrar la pieza iraní suponía para Stalin superar las metas enunciadas un siglo antes por Marx.

Su meta era extender su imperio desde el Báltico hasta el Indico. Resucitaba la vieja ambición zarista de obtener la salida a un mar cálido. Para ello utilizó tres políticas: la presencia de sus tropas en Irán, la actuación de elementos comunistas dentro de la oposición parlamentaria iraní y la desestabilización del país atizando y armando las sublevaciones azerí y kurda.

La influencia soviética había sido importante en Irán desde los días de la Revolución, en que tropas bolcheviques habían penetrado en 1919 en el país persiguiendo a los ejércitos blancos, sin que la decadente dinastía qayarí pudiera impedir que su territorio fuera utilizado como campo de batalla entre extranjero. Simultáneamente, el nuevo poder soviético acusaba a Teherán de servir de plataforma a un enemigo de la URSS, Gran Bretaña, cuya punta de lanza era la poderosa compañía Anglo-Persian, pronto convertida en Anglo Iranian Oil Company. Esa crisis había facilitado la llegada al poder de un oscuro y ambicioso general de cosacos, Reza Khan, cuyo pronunciamiento en 1923 le otorgó el poder como dictador bajo la autoridad real. Pero aquel rudo militar aspiraba a más y en 1925 asaltó el trono, se proclamó Shah e inauguró la dinastía Pahlawi, que su futuro heredero Mohammed Reza Pahlawi proclamó descendiente de Ciro el Grande.

En 1941 Irán era un importante centro del espionaje alemán y Hitler, apoyándose en su amistad con Reza Khan, acariciaba la idea de invadir la URSS por su segundo frente, el Cáucaso. Seguramente aquello no habría prosperado, pero, por si acaso, Moscú y Londres se pusieron de acuerdo, en septiembre de 1941 invadieron Irán y el 17 ocuparon Teherán, forzando la abdicación de Reza Khan en su hijo Mohammed Reza Pahlawi. El nuevo Gobierno firmó un tratado con las fuerzas ocupantes, aceptando su presencia y recibiendo la garantía de que las fuerzas anglo-soviéticas se retirarían seis meses después de concluída la guerra mundial. Este acuerdo fue renovado solemnemente con la entrada estelar de Teherán sirviendo como sede de la cumbre de los Tres Grandes entre el 28 de noviembre y el 2 de diciembre de 1943. Pese a ese tratado, Stalin comenzó a jugar sus cartas para no salir de Irán. Los comunistas se instalaron en el partido opositor Tudeh, haciéndose con su control gracias al dinero de Moscú. Al tiempo, agentes comunistas proporcionaban medios económicos y armamento a los movimientos separatistas azeríes y kurdos. Los primeros, una minoría que habita las tierras limítrofes de Azerbaiyan y que luchaba por incorporarse a su tronco étnico, los segundos que desde los años 20 combatían por unir a su etnia dispersa entre Irán, Turquía, Irak y Siria, bajo la dirección de un líder histórico Mullah Barzani que desde 1924 llevaba guerreando en la zona fronteriza entre Irán e Irak.

Terminada la guerra mundial, soviéticos y británicos evacuaron Teherán y acordaron la evacuación total del país para el 2 de marzo de 1046. En ese plazo de seis meses se acentuó la presión soviética. Por un lado, los kurdos incrementaron sus acciones guerrilleras y por el otro el separatismo azerí proclamó la república autónoma de Azerbaiyán iraní, con capital en Tabriz. Para que no hubiera dudas sobre quien movía los hilos, el ejército soviético de ocupación impidió que las tropas gubernamentales pudieran alcanzar la región para sofocar la revuelta.

Eso ocurría a finales de enero de 1946, cuando Churchill estaba ya en Estados Unidos y preparaba su conferencia en Fulton. El viejo león hervía de cólera. Parecía que Irán había sido entregado a la URSS. Más aún, en vísperas de su viaje a Fulton, Churchill fue informado que el 2 de marzo, tal como había sido acordado, las últimas tropas inglesas habían salido de Irán. Todo indicaba que Stalin tenía las manos libres. Y sin embargo, bastó el formidable discurso que en Fulton pronunció Churchill ante el presidente Truman y los más destacados líderes políticos norteamericanos—donde definió el bloque soviético como el Telón de Acero—para que empezara la Guerra Fría, Estados Unidos adoptara como política prioritaria la contención y luego derrota de la URSS, así como cuanto dio lugar a decenios de incesante lucha entre el comunismo y la democracia, que no cesaría hasta la caída del Muro de Berlin en noviembre de 1989.

Ahora, ya en el año 2006, ante lo que se estaba viendo de la actitud de la Rusia de Vladimir Putin, se decía con razón que el presidente Bush debía de verse obligado a revisar la política de amistad que había seguido con el antiguo alto oficial de la KGB. Una revisión política estaba teniendo lugar y probablemente saldría de ello algo intermedio entre el juicio inicial tan favorable, llamado beato, que tuvo Bush sobre Vladimir Putin y la admonición del senador John McCain pidiendo que Rusia fuera apartada del grupo de las naciones industrializadas G-8 como un implacable y decididamente no democrático jugador. Desde luego, no hay ahora mucha discusión sobre la actual trayectoria de Rusia: una democracia declinante o desvaneciente acompañada de una economía estatista llevada por un puñado de viejos miembros de la KGB, y unas relaciones internacionales marcadas para echar a Estados Unidos de sus puestos en Asia Central, así como las amenazas a la nueva democracia de Ucrania y el uso de los suministros rusos de gas y petróleo para intimidar a sus vecinos.

Si se acompaña a esto la invitación a Hamas para ir a Moscú y hablar sobre la paz en el Próximo Oriente, mientras Rusia clama contra los llamados terroristas Islamicos de Chechenia, resulta que a principios del año 2006 Rusia era mucho más que sólo incoherente o contradictoria. Conforme a Andrei Pontiovskt, un ruso que trabaja en el Hudson Institute, la actual tendencia rusa es un evidente deslizamiento hacia el campo anti-americano. Ello significa enorme incomodidad para los europeos cuando se han agrupado con Estados Unidos respecto de Irán y Hamas Y también significa un nuevo problema mayor para la opinión pública americana, ya sobrecargada con Irak e Irán. En este punto, al repensar la relación con Rusia se coincide en que sus actitudes son "fluídas", un eufemismo para describir a alguien cuya conducta internacional y sus credenciales democráticas se han hecho como mínimo sospechosas.

Ciertamente, la Rusia de Putin es un lugar más fiable para la mayoría de los rusos que el régimen de los zares o Stalin. Tal ha sido el argumento público de Bush para mantener el status quo actual con Rusia.

Quizá la mejor y más informada descripción de la realidad cambiante viene de Andrei Ilarionov, que dejó el equipo económico del Kremlin el pasado diciembre. Illarionov dijo que Rusia se ha convertido en una empresa sin libertad, que tiene grandes similitudes con Angola, Irán o Venezuela (el más reciente miembro del "eje del mal" de Bus) en comparación con la tumultuosa pero esperanzadora Rusia de hace seis años. Stephen Sestanovich, actual miembro del Consejo de Relaciones Internacionales, dice que en estos días Rusia es el líder de las fuerzas reaccionarias de la antigua Unión Soviética. "Está buscando un billete de vuelta a su status de gran potencia con sus reservas de energía. ¿Puede ser eventualmente un alineamiento con China parte del proceso? Hay que hacerse a la idea de que la relación con Rusia va en la mala dirección."

El último año, para rivalizar con la frase Guerra al Terror, Bush empezó a hablar de combatir el terrorismo Islamico. Era un juicio sensato. Ahora, una nueva verosimilitud robre Rusia y Putin podría poner a prueba una ventaja de honradez política.

En lo relativo a Irán, el 24 de febrero del 2006 Irán dio un nuevo paso adelante en el enriquecimiento de uranio mientras el presidente Bush reiteraba que Irán no debía tener armas nucleares. En un discurso en Washington dijo que no se podía permitir que tuviera las armas más poderosas del mundo a una sociedad no transparente que tiene el principal estado promotor de terrorismo. A la vez se sabía que, según la Agencia Internacional de Energía Atómica, Irán dispone de 10 centrifugadores que están unidos por tuberías en Natanz cargándoles con gas. Irán estaba prometiendo una cooperación de última hora, pero se consideraba que estaba evitando un informe desfavorable de la IAEA al

Consejo de Seguridad a principios de marzo. De todos modos, se consideraba por los expertos que llevaría años disponer de suficiente uranio enriquecido para hacer una bomba atómica. Sin embargo, un diplomático occidental señaló que si Irán es capaz de dominar la tecnología de enriquecimiento de uranio, podría aplicar esa tecnología para un programa secreto de fabricación de armas nucleares. Y esto a pesar de que insistía cínicamente que su programa nuclear era un esfuerzo pacífico para generar electricidad y que tenía derecho a enriquecer uranio según la ley internacional, aunque fuera el segundo exportador de petróleo del mundo y no necesitara en absoluto electricidad de centrales nucleares para atender su demanda doméstica.

El problema radical para Mehdi y sus compañeros era que el mundo había terminado por presenciar el reinado de la politización, que dominaba todo, desde la cultura hasta la religiosidad. El instinto del poder, que para algún psicólogo es el más fuerte de la naturaleza humana, se traducía en la politización total. Quienes tenían el poder en cada sociedad, democrática o totalitaria, la dominaban a su arbitrio. Quizá la única diferencia resaltable era que en una auténtica democracia el poder de la política estaba equilibrado por una balanza de libertades y contrapesos legales típicos de un Estado de Derecho, mientras que en los totalitarismos, desde las teocracias hasta los regímenes seculares, no existía contrapeso alguno al poder político. En todas partes, ese poder estaba en manos de una elite profesional, que vivía y frecuentemente se enriquecía con el poder. Los intelectuales, los escritores, los artistas, los filósofos, los hombres de religión, carecían de importancia práctica. No había más provechosa profesión que la de político. Y también no había profesión más detestada por los pueblos, que inconsciente o conscientemente valoraban mucho más a cualquiera otra, encabezada por los médicos y científicos. Quizá porque su misión en la Tierra era la curación y la creación de rupturas en el conocimiento. En los países democráticos, el desdén por los políticos aumentaba conforme era más madura la democracia implantada, y por eso, la abstención de los votantes en Estados Unidos era siempre una de las mayores del mundo, mientras que en las dictaduras era segura la participación masiva en las votaciones electorales, por el temor a las represalias individuales que provocara la abstención, o por el deseo de obtener una recompensa tangible. La compra-venta de los votos en Egipto, por ejemplo, era lo más sintomático de las supuestas democracias árabes, que en realidad no existían, ya que a priori era posible calcular el resultado definitivo, que automáticamente era fijado por los gobernantes. Decir política quería decir gobernar, vivir sin restricciones a costa de los gobernados, disfrutar privilegios que jamás estaban al alcance de las masas de los ciudadanos corrientes. Para las viviendas, los viajes, los homenajes públicos y las deferencias de todo tipo no era igual lo que tenía a su alcance un senador de Estados Unidos que un ciudadano normal de Florida o Missouri o Arkansas o California. En España, durante la dictadura que duró cuatro décadas, las pocas elecciones que tuvieron lugar arrojaban una participación tan alta que en una ocasión llegó a ser más que el número de votantes del censo. Para ocupar un sillón de la más alta institución cultural, la Real Academia de la Lengua, era imprescindible ser un hombre bienquisto del Gobierno. Más tarde, durante la democracia que se instauró en 1978 y se mantuvo con numerosos altibajos, por la necesidad de madurar mucho antes de equipararse a las antiguas democracias europeas o americana, también los sillones de la Academia eran producto de difíciles negociaciones en la sombra, para decidir finalmente conforme a los intereses de los medios de comunicación más poderosos o los partidos principales. Con un par de novelitas, y tan sólo con una, se reunía oficialmente los méritos para ser elegido en aquellas negociaciones. Los favores del poder eran el maná celestial que convertía a un asno en un prohombre lleno de derechos. ¿Dónde no? ¿En qué época de la Historia había sucedido lo contrario?

Por eso, Mehdi y sus amigos sabían de sobra que en Irán todo dependía en último término de ser bendecido por la cúpula del poder teocrático o, al menos, de no incurrir en la sospecha de los mandos de ese poder. Lo demás, era irrelevante a efectos reales. En su última conversación en Estados Unidos, Mehdi había recordado que los grandes escritores americanos actuales no habían tenido necesidad de mezclar temas religiosos con sus argumentos para triunfar plenamente en aquella economía de mercado libre. La única excepción aparente había sido Dan Brown, que llevaba vendidos cerca de 40 millones de ejemplares de "The Da Vinci Code", un auténtico bodrio en el que se disparataba sin la menor base sobre la tesis de que Jesucristo, después de la resurrección, se había casado con María Magdalena y había tenido con ella un hijo en Francia, fundando una dinastía que todavía tenía un heredero en nuestro tiempo. Acusado de plago ante los tribunales, Brown se había defendido, unos meses antes del lanzamiento mundial de una película protagonizada por una se las principales estrellas del cine americano, alegando que no había pretendido ofender a nadie, ya que él era un cristiano implicado, que creía en la verdad de la resurrección de Cristo como una de las piezas fundamentales del cristianismo. Era de suponer que, dados los intereses creados en el orden editorial y cinematográfico, la demanda fracasara y el autor de obras tan deleznables como su primer libro "La plataforma digital", localizada en la Sevilla donde Brown había vivido un año, proclamando en el prólogo de la obra su amor a Sevilla, a España y a los españoles, seguiría triunfando como hasta entonces, siempre con la fórmula de asesinos a sueldo, complots imaginarios e instituciones convertidas en víctimas de sus invenciones.

Con todo, el siglo XX había sido marcado por un slogan acuñado por los primeros ideólogos soviéticos: la religión es el opio de los pueblos. El que no se respetara por los escritores americanos y europeos era natural, con la única excepción citada, porque en realidad los intereses privados de los escritores no se veían afectados por su respeto a la religión. No obstante, durante la última mitad de ese siglo, el de las guerras más mortíferas en la historia de la Humanidad el secularismo se podía considerar triunfante en Europa, hasta el punto de que, al redactarse el borrador de la Constitución Europea, su autor Valéry Giscard d´Estaing había omitido toda referencia al cristianismo como una de las raíces de la entidad de Europa, olvidando conscientemente que Europa era la heredera de Roma y Atenas. El prefería pensar en el racionalismo y la ilustración como ejes explicativos de la personalidad europea; quizá no por convicción adquirida en su infancia, sino por su condición de masón y ateo, que le llevaba a enfrentarse con la Iglesia Católica, en contínuo retroceso dentro del continente pese al esfuerzo constante de sus fieles y de sus obispos: la asistencia de los jóvenes a las misas y la caída en flecha de las vocaciones para continuar la obra de los misioneros eran muestra sobrada de que el inmenso carisma personal de Juan Pablo II o la fuerza teológica de Benedicto XVI atacando sin descanso el relativismo que imperaba en Occidente no eran suficientes para contrarrestar lo que un corrupto político francés había sabido imponer. En cambio, el Islam avanzaba continuamente, a mucha mayor velocidad que el cristianismo, alcanzando el número de sus creyentes a más de 1.000 millones de habitantes, probablemente cerca de 1.500.

Parafraseando la definición de la religión por el comunismo, el siglo XXI empezaba con el triunfo de otro "motto": la política es el narcótico de los pueblos. En verdad, la labor infatigable de los medios de comunicación conseguía que los intereses de la clase política dirigente servían para narcotizar a sus gobernados, embotando su sensibilidad, su capacidad de reacción contraria. MacLuhan lo había entrevisto con claridad hacía tiempo: los media son el mensaje. De hecho, quien dominara la prensa y especialmente la televisión tenía la seguridad de que arrastraría a su pueblo para que le votara mayoritariamente en los países democráticos o absolutamente en los países dictatoriales. En la España dictatorial y en la democrática había ocurrido lo mismo, y de ahí que la tarea urgente del grupo en el poder era el control completo de la televisión, lo mismo que había sucedido en la Alemania de Hindenburg o en la de Hitler. En la guerra de Irak había sido una cuestión de suma importancia neutralizar la acción de las televisiones musulmanas con sede en los emiratos, porque lo que veían y creían las audiencias eran lo que les contaran en aquellas emisoras, y de ahí que sus corresponsales corriesen un serio peligro de muerte cuando sus informaciones desatasen la ira de alguna de las facciones sectarias. Estados Unidos lo sabía con certeza y por ello aumentaba la fuerza de las emisiones que se encaminaban a influir en las masas árabes, en pugna con las estaciones locales. Ya en su interior existía una creencia generalizada de que la política inalterable de apoyo a Israel y a la política exterior del Presidente se debía a la gran influencia del "lobby" judío tanto en la televisión como en la prensa y en el cine. De un modo u otro, la torrencial creatividad del cine americano había contribuído grandemente a la opinión pública anti-alemana y anti-japonesa durante la II Guerra Mundial, así como a la ofensiva anti-soviética a lo largo de la Guerra Fría. Ahora, era mera cuestión de tiempo el que se movilizara también a la opinión pública, con el cine y los medios de comunicación, para atacar a Irán, uno de los principales componentes del llamado "eje del mal" en que figuraban Siria, Corea del Norte y recientemente Venezuela.

Del lado iraní, la teocracia en el poder compartía completamente el principio de que la política era el narcótico del pueblo. La radio era el eco fiel de las soflamas incendiarias del joven Ahmadinejad desde que llegó al poder en junio del 2005 y, naturalmente, de su mentor y jefe Ali Jamenei. Las masas se movilizaban a capricho de sus dirigentes en cuantas incidencias se presentasen. Como es lógico, los historiadores iraníes conocían perfectamente la existencia de las miniaturas persas que retrataban a Muhammad, pero nadie pudo oponerse a las manifestaciones organizadas para protestar por las caricaturas publicadas por un periódico de un pequeño y lejano país, hasta que dejó de convenir la persistencia de las protestas extendidas a todo el mundo musulmán y se cerró la espita de la propaganda oficial para centrarla en el tema del programa nuclear, para defender a ultranza el derecho del pueblo iraní a tener la tecnología que permitiera producir electricidad para fines pacíficos, sin permitir que nadie se preguntara qué se quería hacer cuando alcanzaran la producción de armas atómicas ni de qué servía al pueblo una electricidad procedente de centrales nucleares cuando se disponía de colosales reservas de petróleo, con el que se habían calentado e iluminado todos los hogares iraníes desde hacía largo tiempo.

La cuestión consistía en que el pueblo sólo estuviera interesado por los asuntos políticos: un día el enfrentamiento con el Gran Satán, otro con la pérfida Gran Bretaña, otro con la Agencia Internacional de Energía Atómica o el Consejo de Seguridad de las Naciones Unidas, otro con la destrucción de los templos sagrados radicados en territorio iraquí sobre las tumbas de los imanes caidos y, sobre todo, el lugar en que desapareció el imán décimosegundo, el imán oculto, que volvería al mundo antes de su extinción para juzgar y premiar a los fieles; otro para defender a los hermanos chiíes de los atentados de la rama sunní.

En la práctica, cualquiera que leyera la prensa o viera la televisión u oyera la radio podía observar que no había espacio más que para temas políticos. Cada uno se podía preguntar para sí: ¿es que no hay otro tema de interés que la política? En su interior, el ser humano normal tiene otras prioridades claras, al margen de la política monopolizada por el poder. La familia, el grupo de amigos íntimos, la profesión, el puesto de trabajo, la consecución de sus aspiraciones, la vocación por cosas tan diferentes como son el arte y la ciencia. Es más, considera que ello es infinitamente más importante para él que los problemas políticos. En religión, los miembros de las comunidades de los países musulmanes tienen sobradamente satisfechas sus necesidades espirituales siguiendo los preceptos del Corán y de la Shariah y de los hadizes del profeta. Las oraciones preceptivas cada día, los sermones en las mezquitas los viernes sirven para cubrir las necesidades espirituales de los musulmanes, mientras que en un cristianismo mucho más relajado los rituales a seguir por los laicos son menos estrictos y los mandamientos de sus iglesias les dan un margen de maniobra personal y familiar que no se pueden comparar con la vitalidad religiosa del Islam: una vitalidad inversamente proporcional a su pasividad en el orden científico y tecnológico, así como en su libertad artística y literaria.

Ahora bien, la vida reducida a política llevaba necesariamente al aburrimiento general y al embotamiento de la mente. Igual en Irán que en España o en Egipto o en China o en la India. De algún modo, la renuncia al pasado, con toda su gloria y esplendor, era un crimen en Irán que no podían percibir los iraníes, alucinados por la droga del narcótico público a que estaban sometidos. En China, la política totalitaria que mantenía una gerontocracia establecida desde los tiempos sangrientos de Mao, se había encaminado a conseguir un gigantesco crecimiento económico, en tanto se reprimía toda disensión del régimen, se ahogaban los intentos de crear un cristianismo autónomo del Estado y se impedía profundizar en las desigualdades de riqueza entre las ciudades y el campesinado. En la India, el segundo país en población, que junto a China había rebasado la cifra de 1.000 millones de habitantes, se producía otra rápida tasa de crecimiento del 8 por 100 anual, se creaban nuevas generaciones enteras de científicos en centros sitos junto a Nueva Delhi o en torno a Mumbai, sus matemáticos rivalizaban en nivel con los norteamericanos, su progreso nuclear estaba garantizado por la ayuda de Estados Unidos, pero su retraso social era tan evidente como en China, porque había a la vez 400 millones de analfabetos, más de 250 millones no ganaban más de 2 dólares diarios y el avance estaba obstaculizado por la pervivencia del sistema de castas y el distanciamiento real de la clase política dirigente, anclada en los tiempos de Nehru. Churchill había dicho que era imposible poner juntas todas las piezas de un subcontinente que Gran Bretaña abandonaba a su suerte, dejándole dividido en cientos de lenguas, con Pakistán, Nepal y Bangladesh en las fronteras, como vecinos hostiles. No contaba con que el idioma inglés iba a ser el elemento lingüístico unificador, con que los odios religiosos eran imposibles en la mentalidad integradora religiosa incomprendida por los ocupantes británicos y con que la juventud de un pueblo en plena explosión demográfica tenía una inesperada capacidad de adaptación a la modernidad y a la ciencia y tecnología. Bhabha había sido el símbolo humano de un pueblo donde se podía desarrollar el amor al arte con la sabiduría científica, el conocimiento de las obras de arte occidentales con el empuje para montar uno de los mejores centros de investigación nuclear del mundo. El centro que llevaría su nombre.

¿Podría alguna vez Irán edificar en el Asia Central un conglomerado moderno y cultural comparable con el de la India?. Evidentemente no sería factible volviendo la espalda a los principios de la mayor democracia del mundo, la hindú, a su tolerancia religiosa y a su disponibilidad para aceptar las bases del occidente europeo. Ni Irán ni su tradicional enemigo Rusia, ni los vecinos árabes enzarzados en sus odios sectarios y étnicos. ¿Cómo conseguirlo con una teocracia atrasada, que sin saberlo traicionaba lo mejor de su pasado milenario y, ciegamente, se obstinaba en ser una potencia nuclear dispuesta a enfrentarse con los mayores poderes de la Tierra, empezando por la única superpotencia existente en el siglo XXI, los Estados Unidos?. Verdaderamente, hombres como Ahmadinejad y Ali Jamenei carecían de la talla y del prestigio internacional de un Nehru, incluso de la talla de un salvaje como Saddam Hussein que había sabido aprovechar su secularismo para zafarse de todo condicionamiento musulmán y había movilizado las posibilidades de un Estado terrorista para aplastar a toda disidencia interior, sin por ello conseguir un mínimo de credibilidad y respeto internacional, como sucedió con los sucesores y herederos de Gandhi y Nehru.

El mayor en edad de los componentes del grupo de Mehdi se llamaba Mohsen, un hombre taciturno que solía participar poco en los debates. En aquel punto, sin embargo, se levantó excitado para hablar.

-Estáis diciendo que en nuestro siglo se ha convertido en la droga de los pueblos la política, porque es el tema básico de las preocupaciones, por obra de los medios de comunicación. Nuestro país es prueba de ello. Como todos en el mundo. Cualquiera que sea la religión, el nivel de progreso o de pobreza y el régimen dominante, hoy estamos dominados por las preocupaciones políticas. Lo admito, aunque lo deplore. Esa es la mayor acusación que se puede hacer a los medios de comunicación en masa, que son a su vez mero instrumento de los políticos. Ahora bien, si profundizamos más veremos que no es sólo de asuntos políticos los que prevalecen en las páginas de los periódicos o en las emisiones de radio y televisión. Lo fundamental es que no se ocupan más que de los aspectos negativos de la vida cotidiana. Ya conocéis el dicho popular que no es noticia el que un perro haya mordido a una persona, sino que una persona haya mordido a un perro. Los medios tienen como mensaje único los desastres naturales, los crímenes individuales y colectivos, las aberraciones de todo género, las enfermedades que se abaten sobre la Humanidad, en suma, las desgracias. No hay apenas un hueco para la alegría, para las buenas noticias, para los gestos de desprendimiento, para las hazañas inspiradas en el amor. ¿No es ello totalmente antinatural? ¿No va contra natura dejar en la sombra o en el olvido la infinita belleza de la alborada con que nacen todos los días, la maravilla de las puestas de sol, los juegos de las aguas, el gorjear de los pájaros y de los niños? Cualquiera diría que estamos permitiendo el imperio del pesimismo, de las sombras y del mal por encima de todas las cosas.

-Tienes razón, Mohsen—dijo Mehdi—y parece, a juzgar por la información que recibimos de todos lados, que jamás el mundo ha conocido mayor crueldad y maldad que en nuestro tiempo. Pero esto no es otra cosa que un fraude, una mentira sin sentido. Más aún, es probable que la Humanidad se haya civilizado en este sentido, comparando lo actual con lo que rigió en el pasado, incluso con el pasado de la Era Moderna. Basta ver el modo en que se castigaban los llamados crímenes de Estado, los atentados contra los soberanos. En Inglaterra, cuando el pobre Wallace se enfrentó al poder de los ingleses y combatió por la independencia de Escocia, al ser derrotado fue sometido a tormento, luego le despedazaron lentamente, dispersaron sus miembros, exhibieron su cabeza muerta sobre una pica muchos días. En la hoy plácida Holanda, cuando el valiente que mató a Guillermo de Orange fue capturado, también fue despedazado, le sacaron las entrañas con lentitud e hicieron igual que a Wallace con sus miembros y cabeza. Desde hace muchas décadas, los servicios de inteligencia dirimen sus vendettas y sus operaciones de castigo sin recurrir a métodos bárbaros comparables con aquello. Ya véis el escándalo que se ha levantado al conocerse la venganza tomada por el Mossad israelí cuando su Gobierno decidió matar a todos los autores e inductores del asesinato de sus atletas en la Olimpíada de Munich. Con bombas implantadas mediante alta tecnología o simples asesinatos a tiros se zanjaba la misión, cuyo dirigente, sin embargo, se preguntaba después si era simplemente un asesino más que ya no sentía capacitado para continuar en el seno de su servicio. El Israel que tanto odian nuestros dirigentes opta por desembarazarse de sus enemigos mediante lo que denomina asesinatos selectivos, para indicar que se refiere a dirigentes de atentados masivos cometidos contra israelíes, preferentemente en suelo israelí. Y lo mismo hacen los palestinos de Hamas o los de la Hijad Islamica o los del servicio secreto sirio o los servicios de inteligencia de los regímenes autocráticos dominantes del mundo árabe. Para que los prisioneros confesaran lo que sabían o interesaba a sus captores, en la Edad Media, o en la Moderna, se les aplicaba el potro de tortura, en la seguridad de que el dolor infligido era insoportable e infalible en sus propósitos. Ahora, cuando se persigue el mismo fin, se recurre al suero de la verdad, a procedimientos químicos que ejercen una influencia decisiva en el cerebro de la víctima. Los rusos soviéticos inventaron un procedimiento mucho más lento, pero no menos eficaz: encerraban a los prisioneros en una celda permanentemente iluminada, evitaban que se durmieran nunca y les daban una alimentación mínima, conociendo que el debilitamiento físico y la amenaza de la locura que conllevaba el confinamiento sin nadie con quien dialogar bastaban para alcanzar cuantos fines políticos se perseguían. Indefectiblemente, los adversarios de Stalin, incluso los que más habían destacado en el triunfo de la Revolución Rusa, declaraban en público ante un tribunal popular que eran autores de las traiciones de Estado que se les imputaba. Hay multitud de libros que dan testimonio de cuanto digo. Es Historia pura y dura. Mejor dicho, dura. La barbarie, como el mal, está inseparablemente unida a la condición humana.

-Así es, por la dicotomía eterna entre el bien y el mal. En las religiones, el misterio más insondable, el único quizá que la mente no ha podido desentrañar, siempre se contrapone el diablo a Dios, el ángel caído o Lucifer y los ángeles que glorifican a Dios, el cielo y el infierno. La misma dicotomía existe en las civilizaciones paganas, con el nombre de teoría de los opuestos, en que coincide la sabiduría china con la sabiduría griega. También está en el Islam y en Zaratustra, entre las fuerzas de creación pura y de destrucción. Como en las fuerzas de la Naturaleza, que incesantemente juegan con nuestro pequeño planeta—una insignificante mota en el infinito del Universo—para provocar, junto a las alboradas, los anocheceres, los plácidos lagos, los riachuelos con el agua retozando, y, en suma, la alegría de la vida, la amenaza de varios terremotos cada día, volcanes aparentemente dormidos que se despiertan devastadores en cualquier momento, tsunamis que recorren los océanos a velocidades vertiginosas, cataclismos de mil caras, virus que nacen y se expanden para sustituir a enfermedades que se creen ya extinguidas, especies vivas que desaparecen también a diario sin ser reemplazadas, trayendo, en resumen, la presencia irreemplazable de la muerte.

-Por eso—dijo Mehdi—yo no puedo renunciar al cristianismo a que me he convertido. Tenemos oraciones maravillosas, que vienen a cuenta de lo que estamos hablando. Por ejemplo: Cristo, alegría del mundo, resplandor que canta el esplendor de la mañana. Concédeme tu paz inexpresable, descienda sobre mí tu bondad. Estas ideas—alegría, paz, bondad—son aspiraciones perfectas para la existencia de los humanos, tan breve en la infinidad de generaciones que se han sucedido desde que aparecieron en la Tierra hace varios millones de años. Y ya veis: Occidente vive del legado de un hombre que vivió y murió sólo hace 2.000 años, una insignificancia en el tiempo; los que sois discípulos de Zaratustra vivís con el legado de un hombre que nació hace 2.700 años; los musulmanes viven del legado de un hombre que nació hace 1.300 años. No tenemos, pues, otra salida segura que creer en el mensaje de bondad que nos dejaron, como una herencia imperecedera, y adaptar la evolución del presente a esa herencia, superior con mucho al mito de la tecnología y a los mitos de la ciencia, que son puramente instrumentos de la prosperidad material. La belleza y el amor les superan muy ampliamente. De ahí el que nuestra labor en Irán ha de recoger los tesoros acumulados por la literatura del pasado, porque son lo mejor de la gloria persa que reivindicamos aún en este tiempo de estrechez de miras, dogmatismo de clérigos y pretensiones que conducen al aislamiento de nuestro país en un mundo cuyo avance adelante nadie podrá impedir.

-De alegría, de creatividad, como de la verdad y la muerte, cantó mucho nuestro Omar Jayyam:

-Aquel que en el mundo tiene un trozo de pan—y tiene un nido para cobijarse,—de nadie es servidor ni es amo de nadie—Díle: por tu vida, sé alegre, que puedes gozar. El agricultor de los decretos plantó mucho y brotó—Entristecerse en vano no da fruto—Llena la copa y ponla en mi mano presto—Brindaré por todo cuanto hay, que es todo esto.

-No hay flor que la rueda del mundo no haga brotar de la tierra,—la corte y a la tierra la devuelva.—Aunque la nube, tal agua, cubra la tierra,—hasta la Resurrección, la sangre de los amados lloverá en ella.

-Con o sin crueldad digna de la barbarie de antaño, la verdad indiscutible es que el mal se ha apoderado nuevamente de la Humanidad. Con maneras más "civilizadas" destruimos todo aquello que se opone a nuestro paso, dejamos aquí que la política adormezca al pueblo, le entretienen con temas baldíos y estúpidos como la llamada crisis de las caricaturas de Muhammad, hoy reducida a unas manifestaciones de niños en calles de Pakistán, y asistimos impotentes al espectáculo de las masas de musulmanes que han sido imbuídos del odio a Occidente y a su principal conductor, la única superpotencia que conduce el mundo del siglo XXI por tiempo indefinido. Sabemos que ningún país ni coalición de países puede enfrentarse a la colosal potencia militar de Estados Unidos, como tampoco al capital incalculable que ha ido acumulando desde hace décadas. La premonición marxista del triunfo del capitalismo por acumulación constante de capital, se ha cumplido con creces. Los ingresos de muchas multinacionales americanas rebasan el producto interior bruto de muchos países en vías de desarrollo, por no hablar de los subdesarrollados, que están hundidos irreversiblemente en los márgenes de la Historia. Ahora se habla con fundamento sobre las posibilidades de que la Humanidad, pletórica de recursos económicos por parte occidental, pueda lanzarse en serio a la aventura espacial, no ya al estudio de los planetas del sistema solar, sino a la colonización del espacio. Y, en tales términos, hemos de dejar resueltos temas fundamentales pendientes. Para mí, son dos: la lucha contra el imperio del mal que representan los regímenes dedicados a destruir todo vestigio de libertad creativa y el posicionamiento de Irán como la gran potencia del Asia Central, situada entre los superpoderes emergentes de India y China, pero integrada en el mundo democrático, al igual que lo están India, Europa entera y, parcialmente, la Federación Rusa. Ese es nuestro destino.

Lo que ha pasado estos días en India, con motivo de la visita oficial de Bush, es revelador. Como si estuviéramos en los tiempos de la Guerra Fría, la pequeña minoría comunista, al lado de todas las fuerzas izquierdistas se han movilizado para organizar grandes agrupaciones de masas que gritaban muerte al presidente americano y le exigían que volviera a su país. Los más vociferantes, por supuesto, han sido los musulmanes, que se han concentrado en Nueva Delhi así como en la ciudad de Hyderabad, donde constituyen un 40% de la población. Aprovechaban la presencia del mandatario extranjero, para hacerle ver el odio que todo el mundo Islamico ha almacenado contra el Occidente encabezado por Estados Unidos. Una escritora izquierdista, militante activista. Arundhati Roy, Muy conocida entre los anglosajones por el éxito de su premiada novela "Dios de las pequeñas cosas", se entregó con toda su energía a sabotear la visita presidencial. Antes de la llegada se situó junto a las luces de tráfico en un distrito de Delhi ondeando pancartas que decían "Bush, abandona la India" que enseñaba a cuantos pasaban. Ninguno de los conductores reconocían en ella la ganadora del Booker Prize británico, viendo su curiosamente anónima forma de protestar en una mujer acostumbrada a usar su celebridad para llamar la atención sobre las causas olvidadas. Entre las ruidosas manifestaciones callejeras para protestar por el viaje de Bush a India, ella facilitaba una sobria pero estridente voz de oposición a los Estados Unidos. No contenta con verter su talento literario en escritos de afilada protesta, se unió a los estudiantes que hicieron una vigilia nocturna anterior a la llegada y se convirtió en una entusiasta distribuidora de folletos anti-Bush. Entre risas a menudo subrayaba su desesperación por la bienvenida que se le dispensó. Pero las encuestas demostraban que los sentimientos populares eran contrarios a los de ella y los manifestantes. Por encima de las manifestaciones de musulmanes e izquierdistas era evidente que el afecto de los hindúes era creciente. Una encuesta reciente mostraba que el 71% de la población tenía una opinión positiva de los Estados Unidos, por encima del 54% de hacía tres años; otro estudio publicado en India una semana antes de la llegada indicaba que el 66 % de la población nacional consideraba a Bush un amigo del país. Sin embargo, Roy argumentaba que las encuestas no eran fiables y especialmente mal hechas para expresar los sentimientos de amplias regiones rurales remotas. Creía que el pueblo había sido seducido por la promesa de la gloria inminente que traería la asociación con el poder de Washington. "La clase media no quiere más que se le diga ahora tienes un poder nuclear, ahora eres una superpotencia". Encontraba que la cercanía del Gobierno de India a los Estados Unidos era "vagamente humillante". Desde que logró la venta de 6 millones de ejemplares de su novela, se dedicó a hacer campaña con la etiqueta de globalización que Bush aspira a promover. "Lo que es muy preocupante es que si miras a los países que han cooperado con América, que se han dejado abrazar por ella, verás que la mayoría de ellos han sido incinerados. No estoy hablando del primer mundo, pero mira África, la América Latina, Indonesia, y ve lo que sucede. Una vez que alguien está etiquetado como anti-americano, tiene todas las probabilidades de ser juzgado antes de ser oído y sus argumentos se desvanecerán bajo el abrigo del orgullo nacional. ¿Qué significa el término anti-americano? ¿Significa que eres anti-jazz? ¿O que te opones a la libertad de expresión?" Por lo demás, su protesta, su condena a los Estados Unidos, está aparejada a la crítica del Gobierno hindú. En un tiempo de optimismo sobre las perspectivas económicas de India, en su busca de razones a inventar en su favor, Roy quería convertirse en una campeona de los que han quedado abandonados por el nuevo orden económico, los desposeídos por la construcción de grandes presas, los agricultores arrastrados al suicidio por sus deudas, los que trabajan por la noche bajo la luz de velas para fabricar cables de fibra óptica que impulsen la revolución digital. No es fácil conseguir la atención de la nación hacia sus reivindicaciones. "Es casi como si la luz brillara tanto que no puedes notar la oscuridad". Su antipatía al Gobierno del partido del Congreso es tan grande que le llevó a principios de este año a rechazar el más alto premio literario de India por una colección de ensayos políticos titulada "El álgebra de la justicia infinita". Dijo que el premio era una artimaña para tratar con un escritor molesto. Su incesante activismo ha producido un gran daño en su producción literaria, y ahora dice que su energía en las campañas empieza a desaparecer. Podía añadir que estaba al final de la soga en lo que se refiere a este tipo de trabajo. Sólo la quedaba intentar volver al género novelístico, limpiando antes su conciencia social, como hizo al obstaculizar cuanto pudo el éxito del viaje de Bush.

Pero ese éxito se produjo imparablemente y, frente a los augurios contrarios, firmó con el presidente hindú el acuerdo de cooperación nuclear por el cual Estados Unidos se comprometía a facilitar la tecnología y el combustible para la red de centrales nucleares que necesitaba India en su hambre de energía para el desarrollo, además de otros acuerdos de ayuda al desarrollo agrícola, educativo y hasta de concesión de visados para la estancia indefinida en Estados Unidos de estudiantes y científicos hindúes; todo ello en el marco de una gran asociación estratégica entre Estados Unidos e India, es decir, entre las dos democracias mayores del mundo, y entre los dos países más abiertos en materia religiosa y de integración multicultural, colocándose el mayor tapón a la posible amenaza de la otra potencia emergente, China, el otro país que pasaba de los 1.000 millones de habitantes y que estaba lanzado a un frenético progreso económico y tecnológico, pero teniendo uno de los regímenes más antidemocráticos y con peores resultados en cuanto a derechos humanos.

En tanto tenía lugar el gran éxito norteamericano en política exterior y globalización, ningún cambio sustancial se producía en Irán. Ahmadinejad había propuesto una reunión urgente con los ministros de asuntos exteriores de Gran Bretaña, Francia y Alemania para llegar a un acuerdo sobre enriquecimiento de uranio que detuviera el inminente envío del informe de la Agencia Internacional de Energía Atómica para que el programa de desarrollo nuclear iraní no fuera llevado al Consejo de Seguridad de Naciones Unidas. Aceptada la propuesta, el 2 de marzo se producía el encuentro, pero bastaron dos horas para que se diera como conclusión un fracaso rotundo, con lo cual Irán estaba al borde de que se consumara un aislamiento internacional, con el bloqueo económico y político que llevaría consigo. La política contrapuesta de Estados Unidos, con su negativa absoluta a permitir que Irán se convirtiera en una potencia nuclear parecía estar encaminada a ahogar los esfuerzos de un Gobierno teocrático que se encontraba amenazado de ser barrido del planeta—como si fuera a ocurrir con él lo que había amenazado a Israel. Entonces se planteaban grandes interrogantes que no podían dejar de ser resueltos en un plazo corto. Por ejemplo, ¿quedaban acalladas definitivamente las voces de los moderados que, como Jatamí, estaban volviendo de nuevo a la carga haciendo advertencias que no debían ser desechadas? ¿Era inevitable la perspectiva de guerra y la conformidad con la presunción de que un gobierno democrático en Irán era imposible, como pasaba en todo el mundo árabe?

Cuanto pasaba en el entorno de Irán enseñaba que el destino a que ella misma se estaba condenando se le estaba cerrando por doquier. En Irak, su principal aliado, el chiísmo, veía que el político designado para continuar siendo el primer ministro del primer Gobierno constitucional, al-Jaafari, era vetado por el presidente de la República, el kurdo Yalal Talaban y apenas tenía probabilidades de ser reelegido después de enfrentarse a los kurdos y sunníes haciendo un viaje a Turquía, que estaba considerado un país enemigo desde los tiempos de la ocupación otomana de Irak. La guerra entre sunníes y chiíes, que se había recrudecido desde la voladura de la mezquita sagrada de Samarra, se estaba decantando por el apoyo norteamericano decidido a los sunníes, en tanto el viejo dictador, Saddam Hussein, confesaba la autoría de los crímenes que le achacaban, mucho menores en número a los genocidios que había cometido durante décadas, y apenas tenía una mínima probabilidad de no ser ejecutado en público. Con la nación desangrándose y el mundo árabe, casi todo él sunni, vigilaba que Irak no cayera en manos de los chiíes ni de Irán, cuya condición étnica persa era reconocida, la frontera sur iraní estaba siendo ocupada por países contrarios a la historia iraní.

En verdad, Irán era una gran nación y una gran cultura que estaba al borde de ser derrotada y ocupada por países extranjeros, como le había ocurrido en el pasado reciente, en el siglo XX. Rusia era un vecino tan inquietante como siempre, y no había cambiado su actitud por el hecho de que Stalin tuviera como sucesor a Putin. Síntoma de ello era que, al igual que el rápido fracaso de los intentos de llegar a un acuerdo nuclear con las tres potencias europeas, también había terminado con un fracaso rotundo, en una pocas horas de discusión quedó abierta la perspectiva de acuerdo en la reunión convocada para explorar una sociedad conjunta ruso-iraní que se encargara del enriquecimiento de uranio iraní en plantas rusas, para entregarlo luego. Sin embargo, la política pan-europea de Putin y su obsesión por afianzarse como miembro activo del Grupo de las naciones industrializadas más ricas, el G-8, la impelían a no enemistarse con los Estados Unidos, a alinearse con la política americana de anti-terrorismo mundial y a descartar una implicación excesiva con los intentos de Hamas para crear una República Islamica en territorio palestino, que duplicaría la ya muy molesta presencia de la República Islamica de Irán.

En el fondo, el ideal de la democracia, de las libertades y derechos humanos proclamados en la Constitución de Estados Unidos, la más antigua del mundo moderno, estaba íntimamente vinculado a los ideales de felicidad y del bien, frente al mal. De ahí que, habiendo echado sobre sus hombros la expansión de la democracia por toda la Tierra, como si fuera un Hércules, Bush estaba respondiendo fielmente a los principios de los Padres fundadores de su país, los de Washington, Jefferson, Lincoln y Madison. Los tiempos habían cambiado la sociedad profundamente desde la proclamación de la Constitución americana. Una nueva flexibilidad en las costumbres, una nueva moral, había ido introduciéndose profundamente, como reflejaban fielmente la literatura, los medios de comunicación, el cine y las artes. En muchos aspectos el ser humano se encontraba ahora, en el primer mundo, con una visión mucho más abierta de las normas sociales. Por ejemplo, en las nominaciones a los premios Oscar del cine de Hollywood de 2006, aunque luego no en los premios definitivos, tenían preeminencia las películas que daban legitimidad a la homosexualidad, a los transexuales, a las relaciones entre gays y lesbianas. Sin saberlo un país moldeado mucho más por el cristianismo y por el ejemplo del Imperio romano, estaban reapareciendo los modelos de la sociedad griega, que había traído la democracia al mundo así como las ideas rectoras de la filosofía y del arte, pero en la que era costumbre generalizada que los niños fueran entregados al cuidado y protección de hombres mayores, que se encargaban de su educación mientras eran sus amantes hasta llegar a la pubertad. Del más relevante de los helenos, Alejandro Magno, se había dicho con exactitud que nadie le había vencido salvo los muslos de su amante de toda la vida, Hefestion. Luego, el más grande de los romanos, el fundador real de su imperio, Julio César, había vivido de forma que se le llamaba el mejor marido de todas las romanas y la mejor mujer de todos los romanos. Por no citar muchos otros ejemplos que demostraban cómo la bisexualidad y la homosexualidad habían sido parte natural de la condición de incontables humanos desde el principio de la Historia. Sin embargo, nunca había tenido tanta extensión y aceptación como en los momentos actuales.

Tampoco habían sido tan grandes los ataques a los principios del derecho a la felicidad y a los derechos humanos como en la democracia americana, que luchaba en el mundo contra el terror, la infelicidad y el mal. Por eso, acertadamente, Bush había calificado desde el principio su cruzada pro-democrática como la lucha contra el eje del mal, que localizaba en Irán, Siria, Corea del Norte, y últimamente en la Venezuela del histriónico Hugo Chavez.

Siempre con la convicción de que no debía mantenerse al margen, Mehdi habló con su grupo de amigos sobre la necesidad imperiosa de aumentar al máximo el número de los discípulos de Zaratustra y de Cristo que estuvieran dispuestos a jugarse la vida por llevar la paz y la democracia a Irán.

Sin excepción, todos le respondieron con entusiasmo. En cierto modo, coincidían en el deseo de encontrar una revancha por el sacrificio idealista del amigo muerto. No se les ocultaba la dificultad de la empresa que iban a acometer, pero eso no era óbice para que también pensaran en las probabilidades de alcanzar un fruto positivo, contribuyendo a dar jaque mate a la teocracia que se había adueñado de su patria. Todos eran conscientes, además, de la gloria y de la cultura de la Persia antigua, que no había motivos para dejarla sepultada en el olvido de la Historia. Tenían a Omar Jayyam, era cierto, para dar poesía y profundidad a sus pensamientos al margen de la religión. Pero había otras cosas en su recuerdo del pasado. Así, sabían que uno de los libros orientales que más habían influído en la imaginación y admiración de Occidente era "Las mil y una noches".

Estas fueron redactadas entre los siglos IX y XV, pero el relato que las sirve de marco, la famosa historia de Sherazada y cierto número de cuentos tienen un origen mucho más antiguo. En el "Kitab al Fihrist", escrito por Mohammed en Isaac an-Nadim leemos: "Los primeros que compusieron cuentos, que los plasmaron en libros alineados en las bibliotecas, fueron los persas. Los reyes achgánidas multiplicaron estos relatos, que alcanzaron gran predicamento en tiempos de los sasánidas. El primer libro de esta clase es el "Hezar Efsane", es decir "Los mil cuentos". He aquí el origen de esta colección: uno de sus reyes, cuando se casaba con una mujer, sólo pasaba una noche con ella y luego mandaba matarla al día siguiente. Un día se casó con una esclava de sangre real, inteligente y culta, que se llamaba Sherazada. Cuando estuvo con él empezó a improvisar cuentos y suspendió el relato al terminar la noche, cosa que indujo al rey a dejarla vivir y a pedirla que continuara el cuento la noche siguiente. Desgraciadamente, el "Hezar Efsane" se perdió y no sabemos qué cuentos contenía. Sin embargo, todo induce a creer que se encuentran en "Las mil y una noche" actuales. En cuanto al relato que sirve de marco, podemos presumir que fue traducido del sánscrito al persa durante el reinado de Corroes I. No hay que tomar a la ligera el principio de estas historias sucesivas que salvan de la muerte. Representa para los narradores un homenaje al poder del verbo. Para ellos, este poder era primordial. A partir de Shakespeare, ("words, words") cierta filosofía occidental explica a los hombres que las palabras no son nada, sólo un ruido, una música inútil.

El primer deseo de los narradores de "Las mil y una noches" es lo contrario: las palabras son todopoderosas, pueden salvar de la muerte. Enlazadas unas con otras se convierten en cuentos maravillosos; utilizadas solas pueden ser talismanes, fórmulas mágicas (Sésamo, ábrete). En "Las mil y una noches" nadie dice que éstas son historias, ya que todos los protagonistas muestran un inmenso y arrobado respeto por los cuentos. Sin vacilar interrumpen todos los actos de su vida para escuchar historias. El placer de escuchar un buen cuento prevalece sobre las acciones de gobierno. Después de esto no hay que asombrarse si, arrastrados por los cuentos, los héroes pierden de pronto el apetito y se mueren de amor por una persona del bello sexo que les acaban de describir. Bastan unas pocas palabras para desencadenar una pasión irresistible. Dos o tres adjetivos son suficientes para transformar una vida. Una frase como "tu talle es tan esbelto como la letra aleph" puede enloquecer a los hombres más que en nuestros días las fotografías más sugestivas. Ello confirma la teoría célebre del escritor contemporáneo Marshall McLuham, autor de "La galaxia de Gutenberg" de que el invento de la imprenta (antes de ésta la rareza de los manuscritos provocaba su lectura en voz alta) debilitó todo un sistema de fuerzas vivas y constructivas.

En el caso de "Las mil y una noches", la intimidad de la palabra tiene un valor inmenso. Los egipcios de Heródoto nos dicen que lo que cuenta más es el sustrato más íntimo del ser, su intimidad exacerbada. "Las mil y una noches" nos dicen en síntesis que la intimidad entre dos seres es capital, pero lo más íntimo son las palabras. El cuento que inicia "Las mil y una noches" es algo más que una vulgar historia de adulterio. Nos indica que el poder verbal es muy superior al de la carne. Y que es tal vez lo primero que comprendieron los hombres cuando despertó su inteligencia.

Mohammed Ibn Isaac escribe: "Es cierto, así como hay Dios, que el primero que pasó sus veladas conversando fue Alejandro Magno. Se hallaba rodeado de personas que querían complacerle y le contaban cuentos. El no quería diversión sino aprenderlos y conservarlos en su memoria, y por esta razón los reyes que vinieron después de él encargaron el libro "Hezar Efsan". En el siglo IV a.JC. Alejandro Magno en el curso de sus conquistas trató de asimilar las culturas orientales sin perderse nada. Podemos pensar que por ello fue uno de los pioneros de "Las mil y una noches". Sin embargo, no todos los cuatrocientos cuentos que componen "Las mil y una noches" se remontan a Alejandro Magno. Michel Gall prefiere clasificarlos en: a) cuentos referentes a mitos primitivos, cuyo origen se pierde en la noche de los tiempos. b) cuentos y apólogos morales o poéticos. c) cuentos de fondo histórico. Ninguno de ellos ha nacido de la nada. Todos describen a su manera realidades a menudo profundas y complejas. Están bordados sobre los arquetipos suministrados por nuestro inconsciente colectivo. Y, para quien sepa leerlos, son fragmentos de una Gran Enseñanza. Los narradores de "Las mil y una noches" sólo hablaban de cosas que conocían perfectamente. Sus cuentos más extravagantes no son nunca fantasías gratuitas, sino visiones de nosotros mismos.

Hasta aquí llegaba la introducción de Michel Gall, y con ella coincidían cuantos hombres se agrupaban en torno a Mehdi. Igualmente coincidían en la convicción de que Irán era víctima de un continuo retroceso que duraba ya largo tiempo, en una marcha atrás que le alejaba paulatina o aceleradamente de las espléndidas aportaciones de su cultura y de su imperio antiguo. Esta marcha atrás se había enquistado con el triunfo de la teocracia impuesta por el ayatollah Jomeini y sus sucesores. Ahora, la sociedad aherrojada vivía inmersa en el terror, en la opresión totalitaria, en la negación de los derechos humanos individuales, en la burla del Estado del Derecho, en la negación de todo intento de vida democrática. En suma, Irán era hoy el mensajero del mal frente a los intentos de implantación de las aspiraciones a la felicidad y a la libertad del ser humano, sin importarle en absoluto cuantos se opusieran a la voluntad de los hombres que habían logrado embotar la sensibilidad de su pueblo atenazándole con la propaganda política de los detentadores del poder, para que no pudiera recuperar el camino de la crítica y encontrara alternativas al presente oscuro, sin esperanza en llegar algún día a la libertad de expresión y a la soberanía popular. Había llegado, pues, el momento de levantar cabeza enfrentándose al totalitarismo clerical.

PARTE IV

EL DESAFÍO

El 5 de marzo del 2006 fue una jornada importante en el devenir histórico de Irán.

A lo lejos, terminaba el viaje que había hecho el presidente Bush a Afganistán, India y Pakistán. La estancia en Afganistán había sido la primera de un presidente norteamericano al país, pero tenía un valor meramente simbólico, como afirmación del apoyo de Estados Unidos al régimen establecido allí después de la invasión. Por el contrario, los tres días pasados en India fueron posiblemente los más relevantes del segundo mandato de Bush Junto al primer ministro hindú firmó un tratado de cooperación nuclear que representaba el espaldarazo occidental de India como potencia nuclear, sin necesidad de firmar el Tratado de No Proliferación de Armas Nucleares, dándola de paso la plena ayuda americana para la construcción de centrales nucleares de producción eléctrica y el suministro de combustible necesario para cubrir buena parte del hambre de energía de un país lanzado a una carrera de crecimiento económico sólo superado por China en el mundo. En paralelo, se firmaron acuerdos para la ayuda al desarrollo agrícola, para el libre comercio—que daba a las empresas americanas el acceso a un enorme mercado de consumo—y facilidades para el viaje y estancia en Estados Unidos de un número indeterminado pero previsiblemente muy importante, que reforzaría la comunidad de estudiantes hindúes en América así como la próspera e influyente comunidad de inmigrantes del país. De hecho, y eso era lo sustancial, se había formalizado entre Bush, y Manmohan Singh una gran alianza estratégica entre Estados Unidos e India, que se transformaba en el mejor aliado de los americanos en Asia, al ser numéricamente, por su población, la primera democracia de la Tierra, con sus 1.100 millones de habitantes frente a los 400 millones que pronto tendría Estados Unidos. En efecto, como había subrayado el fascinado Bush, emocionado por la bienvenida que había tenido, cuando él estaba acostumbrado a las movilizaciones populares que se organizaban para insultarle en todos los viajes que había hecho a Europa y América Latina, se encontraba con ser tratado como un maharajá y leía entusiastas acogidas en toda la prensa y los medios de comunicación hindúes, aclamando el acuerdo nuclear y todo lo que había tratado a los pies del Fuerte Rojo de Nueva Delhi o en las reuniones con los jóvenes empresarios en Hyderabad. "The Times of India" no vacilaba en publicar un titular de Ind-America civilización para sintetizar lo que esperaba un pueblo que se veía hermanado con la única superpotencia militar y económica del mundo. Después, la visita a Pakistán se había reducido a poco más de un día, el suficiente para negar al país la igualación que pretendía en cuanto al trato que había dado a India, y para reclamarle una cooperación más eficaz en la lucha contra el terrorismo de Al Qaeda, con lo cual el régimen militar de Parvez Musharraf tenía que contentarse con un mero respaldo temporal al dictador militar que había llegado al poder hacía seis años. Sin la menor duda, como reconocían con amargura los analistas y políticos pakistaníes, la discriminación hecha por Estados Unidos entre ellos y los hindúes era tan obvia que parecía inocultable. ¿Qué podía esperar cuando el día antes de la llegada de Bush se habían producido violentas manifestaciones contra él y Estados Unidos en varias de las ciudades principales, además de un atentado con coche bomba contra el consulado en Karachi, y cuando era sobradamente sabido que Osama bin Laden y su lugarteniente el egipcio al-Zawahari estaban escondidos en las regiones fronterizas entre Pakistán y Afganistán? El propio ministro de Asuntos Exteriores pakistaní se había tenido que conformar con decir que la conversación entre Bush y Musharraf había sido la más franca y directa que había escuchado en su vida, sin ocultar la tensión producida por la convicción de que la alianza con Estados Unidos era más inestable que nunca, reduciéndose su extensión y contenido a lo que Pakistán hiciera efectivamente en la guerra contra el terrorismo de Al Qaeda, que hasta entonces había sido más simbólica que real, mientras el Gobierno y la oposición estaban de acuerdo en tolerar, cuando no promover, el antiamericanismo propio de los musulmanes.

El día siguiente al del regreso de Bush a Washington, el domingo 5, se hacía público en la prensa de todo el mundo el vídeo grabado por Aymar al-Zawahiri, en que amenazaba a Occidente con la repetición de ataques parecidos en frutos sangrientos a los de las Torres Gemelas de Nueva York, los de Madrid y Londres si no se producía un cambio de la política exterior norteamericana. Advertía a Hamas que no reconociera al estado de Israel ni cediera un gramo de la tierra que habían usurpado a los palestinos y amenazaba a los países petroleros por no tener en cuenta que el petróleo estaba siendo robado por los occidentales. Naturalmente, un miembro de la delegación de Hamas que se encontraba todavía en Moscú, oyendo el consejo de que suavizara su postura ante Israel, se apresuró a rechazar la exigencia de al-Zawahiri diciendo que Hamas no estaba de ningún modo vinculado a lo que quisiera Al Qaeda. En lo que respecta al petróleo, por supuesto ninguno de los países miembros de la OPEC se moverían en su política de producción y precios más que al dictado de sus intereses económicos nacionales, desde Irán hasta Arabia Saudí o Venezuela, sin que Al Qaeda tuviera la más pequeña posibilidad de influir nunca en las reuniones periódicas de la OPEC. Una crisis petrolífera era impensable cuando los países petroleros, empezando por Irán, estaban disfrutando sus momentos más dorados por el precio que tenía el petróleo en los mercados mundiales. Ninguno de los analistas económicos pensaba en la posibilidad de una bajada a 50 dólares el barril en un futuro inmediato, pero tampoco creía que Estados Unidos lograra independizarse en mucho tiempo de su dependencia del petróleo del Próximo Oriente mientras no desarrollara fuentes alternativas como la nuclear, solar y eólica que pudieran sustituir al llamado oro negro. Además, siempre quedaba el viejo sueño de la utilización de la inmensas energías de los mares mediante la fisión nuclear, por cuanto a ello se opondría con toda la fuerza de sus capitales las grandes corporaciones petroleras del mundo. Y con la perspectiva de la defensa armada a que sin duda recurrirían si se vieran amenazadas por los científicos.

Mientras Bush se hallaba en India, se sucedían las manifestaciones en toda Irán para afirmar el derecho de su país a la energía nuclear. Era curioso ver por la televisión el aspecto de las mujeres y hombres que muy seriamente, siendo casi analfabetos y no sabiendo por supuesto lo que era una central nuclear o la investigación de uranio enriquecido, se manifestaban enfervorizadamente a favor de la postura nuclear del Gobierno que les manipulaba por sus medios de comunicación para que en cada momento se pusieran al lado de las consignas que les impartía. Como era de esperar, como en el tema de las caricaturas de Mamad, ellos no hacían otra cosa que divertirse en los mítines y revueltas a que eran convocados, pugnando por hacer declaraciones ante los periodistas y cobrar así relieve con sus vecinos. También el egipcio al-Zawahiri había hecho alusión al ya más que manoseado asunto de las caricaturas, para reclamar que se hiciera un bloqueo masivo a los productos de Dinamarca, Noruega, Francia y Alemania, por haber permitido que se publicaran o reprodujeran las famosas viñetas.

Llegados a ese punto, los miembros del grupo de Mehdi estudiaron cuidadosamente los pasos que debían dar para ayudar al derrocamiento del régimen de los ayatollahs. Al cabo de sus debates, concluyeron que lo mejor era recurrir a la preparación de un movimiento de resistencia pacífica que penetraría en todos los estratos de la sociedad iraní.

Los discípulos de Zaratustra pensaron que sería fácil llegar a la minoría nacional de sus correligionarios. Entre ellos, su conductor natural era Shirin. Su misión era contactar con la facción de reformistas en el Majlis, para pedir su apoyo. No tuvo dificultad grande en llegar al propio Jatamí, que encarnaba la política de acercamiento a Occidente y a Estados Unidos para lograr la democratización iraní. Aunque debilitado por su derrota en las últimas elecciones presidenciales, que en realidad había sido un golpe de Estado para reimplantar el dominio de los extremistas al mando del joven Ahmadinejad, todos los iraníes partidarios de reformar el país y acercarlo a los modelos de prosperidad y libertades de Occidente, estaban deseando que Jatamí y los suyos volvieran a tomar las riendas, arrinconando a Ali Jamenei y a cuantos habían heredado las ideas radicales del ayatollah Jomeini. No se trataba de volver al régimen monárquico de los Shahs, que tan funesto había sido en el siglo pasado, sino de conservar el modelo republicano, pero con el carácter de Estado de Derecho que Irán no había tenido nunca en su historia. Era un "volte face" lo que sería preciso conseguir. Y para ello, Shirin pidió a Mehdi que recurriera a sus amigos norteamericanos para que dieran su apoyo político, económico e incluso militar.

No tardó en hacerlo Mehdi, que por teléfono vía satélite se puso en relación con su amigo el general Hayden, el subdirector de la Inteligencia Nacional de Estados Unidos. Hayden lo consultó con el Pentágono y el Departamento de Estado. Al término de una semana, que se hicieron eternos a los conspiradores, hizo saber a Mehdi que pronto recibiría la visita de un agente de campo encargado de puntualizar con él todo lo relativo a un plan de golpe de Estado. En efecto, unos días después, fue a verle una noche un hombre que se identificó y le dijo que necesitaría convivir con él y sus colaboradores íntimos unos días, los que fueran suficientes para ver lo que podía y convenía hacer. Se llamaba William Lodge, era una persona de alta estatura, corpulenta y aparentemente muy reidora, aficionada a hacer bromas que rebajaran la tensión cuando se producía. Por su simpatía se ganó inmediatamente la confianza del grupo, empezando por el propio Shirin, que era cauteloso y entrovertido.

-Shirin—le dijo. Si Vd. tiene la posibilidad de llegar al propio Jatamí, nos da una carta que deberemos utilizar más delante, cuando hayamos adelantado en el trabajo. Por ahora, me parece preferible que hagamos todo lo posible para infiltrar gente de fiar en los Ministerios de Asuntos Exteriores, Petróleo y Propaganda. El máximo posible. Claro es que cuantos de presten a ello deben saber que morirán si son sorprendidos, como reos de alta traición. En Irán pasa como en todas partes.

-No se preocupe por ello—interrumpió Mehdi. Entre unas cosas y otras está aumentando el número de mártires cristianos dentro del mundo musulmán. En las últimas semanas fue asesinado un sacerdote católico en Turquía, y en Egipto una muchedumbre se abalanzó y casi despedazó a un pobre joven que estaba ayudando a la construcción de una iglesia. ¿Acaso no sabe que el cristianismo se ha nutrido de mártires santos desde su fundación hace dos mil años? Ahora mismo no es imprescindible referirnos al mundo musulmán para encontrar la continuación de esa terrible tradición, inseparable de nuestra fe. Fíjese solamente en China, donde la Iglesia Católica está prohibida y es objeto de continua persecución. Los obispos tienen que ser nombrados por el mismo Gobierno y se castiga con la prisión indefinida, o con la muerte, a los que no se conforman y se limitan a reunirse en secreto para rezar. La época de las catacumbas se ha reproducido en nuestro tiempo. Sabe Dios la cantidad de santos que hemos tenido sin que conozcamos ni su nombre ni los méritos por los que deberían figurar en nuestro santoral. Aquí y ahora, cuantos nos embarcamos en esta aventura lo hacemos sin miedo, aceptando por adelantado las consecuencias, sabiendo que de todos modos la vida es efímera. En fin, iremos hasta donde Vd. nos diga. Vamos a ayudarle en honor de nuestras convicciones sobre el maravilloso Irán que tiene una de las mayores riquezas culturales del mundo, y en honor de la religión que queremos sea respetada cuando haya pasado todo y tengamos una democracia con libertad de cultos.

En la práctica, la tarea de infiltración en los Ministerios fue relativamente fácil, sobre todo en Asuntos Exteriores, donde contaban con la carta a favor de que la mayoría de los diplomáticos de carrera habían prestado servicios en el exterior y habían conocido de cerca las ventajas de la civilización occidental. Eran un gran elemento de comparación con la cerrazón y la estrechez de miras del Irán de los ayatollahs, que no compartían. Así, en el plazo de dos meses el grupo contaba con un miembro en la secretaría del Ministro, que tenía lógico acceso a todos los departamentos del Ministerio, mientras se trataba activamente con un número creciente de diplomáticos a los que sondeaba para que terminaran colaborando en una labor de infiltración dentro del Comité de Asuntos Exteriores del Majlis, para incorporarse a las filas de los reformistas liderados por Jatamí.

Mientras, los discípulos de Zaratustra iban expandiéndose en los contactos con los mazdeístas de todo Irán, constituyendo un núcleo claramente identificado en los principios religiosos del gran reformador del siglo VII a.JC. De los 10.000 que aproximadamente tenían en todo el país, reclutaron en cuatro meses a cerca de la mitad, que ponían a disposición de su causa las viviendas en que vivían, sus medios económicos y sus negocios. Lo más interesante es que la mayoría estaba formada por negociantes prósperos, que se agrupaban sobre todo en Teherán y tenían buenas relaciones en el extranjero, con lo cual podían constituir un factor de financiación interior con el que nadie había contado antes.

El segundo Ministerio al que hubo un acceso relativamente fácil fue el de Propaganda, cuya importancia era vital para el triunfo de la operación. Los hombres que entraron en él eran cristianos, reclutados por el sacerdote que había casado a Mehdi y bautizado a su hijo. Sin importarle un comino el peligro que corría, se puso en contacto con los católicos que conocía personalmente y les convenció para que ayudaran a la empresa de conseguir un Irán abierto a la convivencia con los cristianos, tal como había ocurrido en la Persia antigua.

La penetración en el Ministerio de Propaganda tenía una significación prioritaria en la vasta operación emprendida, porque desde él se podía intentar una sutil pero importante influencia en la juventud, donde residía el núcleo poblacional más refractario a las consignas de rigidez social emanadas del sistema absolutista en vigor. Un miembro de la naciente oposición enraizada en el grupo de origen zoroástrico consiguió un puesto de la radio estatal que le permitía escribir los textos y guiones a que debían atenerse los locutores, sujetos por la lectura previa de ellos. Cada día, confiado en la escasa cultura de los censores estatales, instilaba ideas que redundaban en la exaltación de los valores patrióticos de un país de tan rica herencia histórica. Los aqueménidas y el contraste favorable que presentaba en comparación con la cultura contemporánea occidental, eran seguidos por los sasánidas, por su superioridad respecto de la Edad Media europea en cuanto a civilización. Desde Ciro el Grande hasta Corroes, todo fue enaltecido, y los locutores leían encantados los versos maravillosos de Omar Jayyam o trozos de los cuentos más notables atribuídos al origen persa en "Las mil y una noches", para deleite de los niños y adultos que les escuchaban.

Pronto se hicieron populares aquellas emisiones culturales. La censura se sentía desconcertada y desbordada, porque no venían de fuente oficial y, sin embargo, no podían ser combatidas como si fueran un delito contra la seguridad del Estado. En marzo del 2006 se inauguró en Barcelona una exposición de unos cuantos miles de piezas del arte persa antiguo, que alcanzó un éxito inmediato por la belleza de gran parte de los objetos que había enviado el Gobierno iraní, ignorando el contraste que ofrecía la contemplación del arte aqueménida con la dureza y el peligro de una política de rearme que llevaba a convertir Irán en una amenaza nuclear para el mundo. Naturalmente, los amigos zoroástricos y cristianos residentes en Irán participaban de la recepción internacional de lo que estaban defendiendo en sus emisiones públicas, cuya resonancia en los círculos juveniles y culturales iraníes traspasaba las fronteras nacionales. Aquello era un inesperado factor de disuasión para los sectores duros del régimen de los ayatollahas, aunque también para los sectores duros de la política exterior occidental, sobre la que presionaban desde Rusia, China, la Agencia Internacional de Energía Atómica reunida en Viena, y hasta India, que tenía viejos lazos de amistad con Irán y contaba con sus suministros masivos de gas, para que no aumentaran las amenazas de intervención violenta de Estados Unidos. Mientras el belicoso vicepresidente americano Dick Cheney daba su acostumbrada nota de agresividad, Condolezza Rice ponía el contrapunto de la moderación y aseguraba que su país estaba dispuesto siempre a la negociación pacífica, con tal de que Irán cesara su política de confrontación y diera garantías de una moratoria indefinida en cuanto al enriquecimiento de uranio. Estados Unidos hizo pública su opinión de que Irán contaba ya con material para fabricar nueve bombas atómicas y se manifestó seguro de que sus aviones invisibles al rádar B-2 convertirían en cenizas todas las instalaciones nucleares iraníes antes incluso de que pudieran ser detectados por la defensa aérea. Era bien posible, y los expertos militares iraníes lo sabían, como también eran conscientes de que Israel se sumaría a la ofensiva aérea en todo lo que le pidieran sus aliados americanos. La llamada UE-3, formada por Gran Bretaña, Francia y Alemania constituía una piña para presionar sobre el Gobierno iraní, pero de ningún modo deseaban una guerra nuclear que borrara del mapa a Irán, a sabiendas de que era una certeza en contraste con las baladronadas iniciales del presidente Ahmadinejad, pidiendo barrer del mapa a Israel. Enterrados en la historia parecían los días de la crisis por las viñetas críticas del profeta Muhammad, pese a que un ministro europeo todavía creía conveniente aprovechar una visita a Pakistán para expresar su pesar por la publicación de las caricaturas. Le hubiera bastado observar el asombro que delataba la cara de Pervez Muharraq y la de su colega pakistaní para entender que estaba cayendo en el ridículo y perdiendo credibilidad como un interlocutor de mínimo peso.

La campaña de difusión cultural se intensificó por todos los miembros de la oposición que había movilizado el pequeño grupo iniciado por Mehdi, y fue reforzada por las emisiones de radio en lengua farsi que llevaba a cabo el Gobierno norteamericano, interesado en neutralizar por cualquier medio pacífico, y en último extremo militar, las aventuras nucleares de los ayatollahs. Era esencial que finalmente todo fuera aprovechado por los elementos reformistas sentados en el Majlis. No en vano, había sido el mismo Jatamí quien, hacía un quinquenio, había defendido ante las Naciones Unidas la necesidad de un diálogo entre civilizaciones, cuando aún no se había tomado conciencia de la trascendencia que tendría la premonición de Samuel Huntington en la política mundial, por el brusco viraje que habían dado al mundo musulmán las posturas de Osama bin Laden y de sus fieles seguidores, creando un hijadismo en que jamás se había pensado por los devotos del profeta desde hacía siglos. Nadie parecía haberse preocupado por el lento declive del Islam en el mundo, tanto en poder político como cultural, desde el siglo XVIII y el enfrentamiento de los elementos extremistas Islamicos con Occidente daba la impresión de ser irreversible, una vez que se convertía en espectáculo diario el descabezamiento de secuestrados, los suicidas que se inmolaban en la seguridad de ir al Paraíso, la voladura de los templos considerados sagrados, la guerra inmisericorde entre las dos ramas básicas del Islam en Irak, los atentados contra las vidas y los lugares públicos de otras religiones, como el ocurrido en la ciudad santa de Benarés en India en marzo de 2006, días después de la visita del presidente Bush.

Una ola gigantesca de terror estaba barriendo el territorio asiático a principios del siglo XXI, como si tuviera que repetirse sin cesar el maremoto que había segado las vidas de un cuarto de millón de personas en diciembre del año 2004, tres años después del atentado masivo contra Estados Unidos y dos después de que en marzo del 2003 se iniciara la invasión relámpago de Irak por el ejército norteamericano. Fechas, fechas vacías salvo las vidas y los ríos de sangre que las marcaban en la Historia. Los genocidios cometidos en el siglo XX, que había sido el peor de la Historia en lo que concernía al balance de las muertes violentas causadas por las guerras, no tenían una réplica parecida en el siglo XXI por lo que concernía al número de víctimas, pero se compensaban en horror por el caos desencadenado por grupos relativamente pequeño de terroristas desperdigados por todo el mundo, que golpeaban indiscriminadamente en todo el continente euroasiático y en América del Norte sin que se le pudiera identificar como un bloque homogéneo al que podía combatirse con ejércitos convencionales. Las consignas clásicas de Clausewitz carecían de validez, estaban muertas. No había posibilidad de trazar frentes de batalla, fuerzas enemigas compactas. Lo único que se podía considerarse algo parecido en el pasado era la guerra de guerrillas que habían inventado los españoles, y en la que el último de sus expertos fue el fallecido dictador Franco, que la preparó para oponerse al ejército alemán nazi si Hitler decretaba la invasión de España para apoderarse del estrecho d Gibraltar y adentrarse en el norte de África. Idénticamente, la similitud con el pasado estaba en el inicio de la era nuclear con el bombardeo aniquilador de Hiroshima y Nagasaki en 1945, seguido por el riesgo de guerra nuclear masiva que tuvo el mundo hundido en el temor durante la llamada Guerra Fría, que afortunadamente nunca se plasmó en la realidad armada. Terminada la Guerra Fría y ya con una única superpotencia militar y económica, los Estados Unidos, el interés prioritario de la política exterior de éste era evitar la proliferación de armas nucleares, y por ello había promovido la firma del Tratado de No Proliferación por todos los países que accedían "volis nolis" a la bomba atómica. De ahí la resuelta oposición a la amenaza de un rearme nuclear iraní, que además se consideraba una amenaza potencial contra todo el mundo, dada la locura malévola del régimen teocrático implantado por el funesto ayatollah Jomeini y continuado al milímetro por Ali Jamenei y por todos los partidarios de la política dura, encabezada ahora por Mahmoud Mahdajinehad Era una jugada más en el tablero de ajedrez de la maldad humana, que había pervivido como una parte inseparable de la condición humana desde el principio del devenir histórico. Ahora, los mensajeros del mal más peligrosos, por el volumen de la población movilizada en su seguimiento y por el poder que tenía respaldándoles, con el petróleo y la posibilidad del armamento atómico, procedían de Irán.

Para neutralizarlos y contenerlos, dando paso quizá a una nueva democracia en lugar del despotismo que había sufrido siempre el país desde que era Persia, había que dar un giro total al conjunto de la sociedad iraní. Para ello había que intensificar la campaña de concienciación nacional que llevaba la resurrección de las grandes consecuciones de la cultura pasada y de lo mejor de un pasado religioso que se remontaba a unos 2.700 años atrás, con Zaratustra.

Esto fueron haciendo las gentes agrupadas desde la llegada de Mehdi, hasta que, de repente, la censura silenciosa se despertó y sonaron todos los timbres de alarma. Estudiado el problema con los dirigentes partidarios de la islamización pura y dura, se decidió llevar a cabo una limpieza de cuantas personas participaban en el nuevo adoctrinamiento del pueblo, que pretendían arrastrar primero a la juventud aprovechando el atractivo que ejercían los modelos de vida occidentales. Las pistas de esquí y los intentos de modernizar el vestuario y la participación de las mujeres en la vida pública dieron lugar al retorno a los días tenebrosos del triunfo de la revolución de Jomeini. La República Islamica debía ser depurada de todos los elementos sociales contaminantes.

Decidida la vuelta a la reconfortante vuelta al pasado cercano, mientras Ahmadinejad reiteraba la promesa de enfrentarse a una amenaza nuclear con el bloqueo de la producción de petróleo y gas, los redactores de los guiones que leían los locutores de la radio y la televisión fueron detenidos y encarcelados. Se les sometió a consejos de guerra sumarísimos, sin la menor posibilidad de defensa ante jueces que eran nombrados y destituídos a capricho, y se les condenó a penas de cárcel cuya duración era indefinida. Pese a las gestiones que hicieron los desesperados familiares, se hizo ver a las víctimas que eran afortunados por no sufrir la horca que merecían, y comprendieron que nunca podrían adivinar si serían perdonados alguna vez y puestos en libertad.

En suma, Irán estaba repitiendo miméticamente lo que había practicado la China comunista desde el triunfo de Mao en 1948. Toda disensión con el régimen implantado era castigado con la muerte o el encarcelamiento sine die; todo intento de suavizar el absolutismo del sistema totalitario era castigado del mismo modo. A nadie se le concedía el beneficio de la esperanza si se atrevía a pensar por su cuenta y al revés de lo que se dictaba por los órganos de comunicación controlados férreamente por el Estado. En China mandaban los líderes ancianos que había nombrado una Asamblea Popular omnipotente donde se dirimían los presupuestos y los nombramientos de las fuerzas armadas. En Irán mandaba una denominada Revolución que se dirigía desde un Parlamento o Majlis cuya mayoría completa pertenecía a los miembros seguros de los Guardianes de la Revolución y a los clérigos religiosos adyacentes a los ayatollahs y Grandes Ayatollahs.

Mehdi pensó que debía comunicarse con su amigo el general Hayden para informarle sobre lo que estaba pasando y pedirle la ayuda norteamericana. Por el teléfono vía satélite logró su objetivo, embarcándose en una amplia explicación que sabía estaba cifrándose simultáneamente para ponerla a resguardo de una eventual interferencia iraní.

-Señor, me veo obligado a pedirle auxilio urgente. La gran mayoría de los componentes de los grupos que estaban infiltrándose en puntos vitales del régimen han sido detenidos y condenados a penas que desconocemos. El acceso de sus familiares es imposible, pese a sus esfuerzos para saber al menos qué delitos se les achacan. Tenemos el temor de que sean torturados para arrancarles confesiones de crímenes que no han cometido, y estamos seguros de que, como mínimo, sus sentencias de encarcelamiento les privarán de libertad por tiempo indefinido. Aquí no hay la menor protección de derechos humanos y la crueldad de un régimen intrínsecamente malvado parece no tener límites.

-Le comprendo muy bien, Mehdi, y créame si le digo que siento muchísimo el sufrimiento de los que están siendo perseguidos. Por supuesto, me preocupa también que Vd. y su familia sean también objeto de las represalias del sistema, y para ello no veo otra solución que enviar a su casa a gente que les saque del país y les traiga a Estados Unidos.

-Es muy de agradecer, señor, pero no puedo aceptarlo. He unido mi destino al de mi patria de nacimiento y todavía tengo la esperanza de que aquí encontremos un camino de entendimiento con los halcones clericales. Es preciso que lo intentemos hasta el final, hasta que se consuma todo cuanto hemos emprendido. Lo que le pido, después de pensarlo mucho, es que se ejerza una fuerte presión diplomática sobre el Gobierno de Teherán por parte de los aliados europeos que están trabajando por la salida negociada de la crisis actual, para que consiga la liberación de todos los encarcelados, si es que siguen vivos. La razón a esgrimir es sencilla: todos han trabajado por el bien de Irán, ninguno ha dado paso alguno contra la seguridad del Estado. En este sentido, estamos libres de toda sospecha. Por favor, no tarden en hacerlo. Nos encontramos en una carrera contra el tiempo y es probable que la crisis nuclear sea la base para un acercamiento antes impensable de Irán a Occidente.

-Lo dudo mucho, pero intentaré que los Departamentos de Defensa y Estado atiendan su petición y actúen en consecuencia. Precisamente ayer—y ya estábamos a 8 de marzo, después de meses gastados tontamente en enfrentamientos ridículos respaldados por Teherán—la Agencia Internacional de Energía Atómica ha decidido pasar el dossier nuclear iraní al Consejo de Seguridad de las Naciones Unidas. Ahora hay dos bandos claramente diferenciados. El Presidente y el vicepresidente están a favor de aumentar al máximo la presión política contra Irán, no descartando nunca el ataque aéreo masivo. Los países árabes del Golfo no quieren embarcarse en una carrera de armamento nuclear, que consideran inviable técnicamente pero inevitable para que no sea Irán el único país musulmán en posesión de la bomba atómica. Israel, por supuesto, apoya al Presidente sin reparos, porque teme que Irán se convierta en una potencia nuclear dispuesta a barrerles del mapa como ha prometido el estúpido presidente Ahmadinejad; no necesito decirle que les encantaría participar en una operación similar a la que llevó a cabo para destruir de un plumazo la central nuclear que había construido el dictador Saddam Hussein. Ahora bien, la opinión pública mundial se echaría encima de nosotros si empleáramos nuestro poderío militar en la desaparición de un país que tiene tanto prestigio histórico y cultural. El Departamento de Estado se coloca al margen del belicismo del embajador americano en las Naciones Unidas, Bolton, y del vicepresidente, que ya ha advertido de las consecuencias significativas que tendría no detener el proceso de enriquecimiento de uranio. Ninguno de los muchos partidarios de ganar tiempo con una etapa de negociación indefinida está dispuesto a que el paso del expediente nuclear al Consejo de Seguridad se transforme en la adopción rápida de sanciones concretas a Irán. Ese país tiene suerte, Mehdi. Por todas las razones que le he contado, especialmente el deseo mayoritario de no pasar a la fase de las acciones concretas de sanciones político-económicas, nunca militares, nos da tiempo a todos para rehacernos y volver a operar como si nada grave hubiera sucedido. Como ha sido así. Animo, pues, para todos.

La promesa de Hayden se cumplió y al cabo de un mes se tradujeron las gestiones diplomáticas europeas en la libertad de los presos y condenados prisioneros que estaban en las cárceles de Teherán. Más aún, comprobado sobradamente que las colaboraciones prestadas en los medios de comunicación nunca se habían encaminado a debilitar la fortaleza de la seguridad del Estado, se recuperaron los puestos de trabajo perdidos.

La única víctima de la situación fue Shirin. Como Guardián de la Revolución había sido seguido estrechamente en sus esfuerzos por contactar con los diputados reformistas agrupados en torno a Jatamí. Fue detenido y rápidamente se le condenó a la horca como reo de traición de Estado, por haber trabajado contra la seguridad nacional. En los escasos días de vida que le dejaron tuvo ocasión de enviar una misiva a Mehdi, en la que le encomendaba la ayuda a los estudios de su hermano, sin aludir en nada a los motivos de su encarcelamiento, porque quizá hubieran sido comprometedores para Mehdi. A éste no le quedó otra cosa que encomendar su alma a Dios, como hombre bueno y valiente que había tratado inútilmente de bloquear el paso de la política del mal.

Tenía la absurda convicción de que a la larga sería ganada la batalla por la democracia y los derechos humanos en Irán. ¿O no era tan absurda como parecía?. Durante el viaje que había hecho Ahmadinejad al sur del país se había producido una manifestación de mujeres que protestaban por el estado de cosas miserable en que vivían. Una denunciaba a voz en grito que tenía tres hijos mayores pero los tres estaban en paro y la familia no tenía medios económicos de subsistencia. La policía las había rechazado y amenazado, mientras se ocupaba principalmente de evitar que los corresponsales extranjeros grabasen las escenas de protesta. En Teherán, el Líder Espiritual Ali Jamenei reiteraba que Irán sería un enemigo de hierro para cuantos quisieran doblegar su voluntad de seguir siendo independiente en energía nuclear y el delegado iraní en la Agencia Internacional el día en que se aprobó enviar el tema nuclear al Consejo de Seguridad de la ONU afirmó que Estados Unidos podría causar daño y dolor pero también iba a recibir daño y dolor. El cruce de amenazas y provocaciones continuaba diario a diario, unas veces por boca de Jamenei y otras por la de Ahmadinejad o alguno de sus colaboradores sin que por ello cambiaran los problemas de fondo. Y uno de ellos era la seguridad de que Irán, por motivos de tecnología, tardaría forzosamente mucho tiempo, muchos años quizá, en conseguir sus bombas atómicas, 9 o 10 o las que fueran. Había tiempo de sobra. En paralelo, Hamas se encontraba con que era inviable en la práctica la lucha armada contra Israel y, sobre todo, la pretensión de convertir Palestina en otra República Islamica. El problema de Irak era el que más perspectivas positivas ofrecía a un régimen iraní chií, exportador de armas y voluntarios camuflados a sus correligionarios chiíes, pero cada vez parecía más lejana en el tiempo la posibilidad de que el país se partiera en una guerra civil o fuera una continuidad territorial de Irán, pese a la confluencia religiosa y a la financiación que recibían las milicias chiíes. Paso a paso, pues, Irán estaba quedando aislada, prácticamente asfixiada, sin apoyo de la comunidad internacional. Amante del pasado glorioso de la antigua Persia, cuyas riquezas acababa de mostrar en Barcelona con los préstamos de su Museo Nacional y los del Louvre y el British Museum, Irán valoraba el esplendor a que la habían llevado los aqueménidas y los sasánidas. Nada de eso estaba muerto para ella definitivamente. Su maravilloso arte y su literatura, que fascinaron a la Hélade y al Occidente entero, pervivían sin que nadie pudiera olvidarlas. Sin embargo, el hecho frío era que un imperio de cinco millones de kilómetros cuadrados, que se había extendido desde el Cáucaso hasta las calientes aguas del Indico, se había reducido a menos de la mitad. De la poesía de Omar Jayyam y de la religión de la bondad y el bien que había enseñado Zaratustra hacía más de 2.600 años se había pasado a un régimen que era un icono, la imagen con carácter de símbolo, de los mensajeros del mal.

Esto podía ser superado, reincorporando Irán a su antiguo papel como el gran elemento civilizador de Asia en el pasado. Las mil luces de sus versos y cuentos, de sus odas al amor, de sus elegías melancólicas sobre el pasado de 7.000 años del ayer que formaban el presente, de los terremotos que quebraban sus campos y sus almas, de los volcanes de los hombres equivocados que optaban por el odio, de la belleza que desparramaron los siglos en sus tejidos y sus pinturas, brotaba un llamamiento al mundo para que Irán resucitara y fuera de nuevo amado y admirado. Quien lo conociera, aún muy superficialmente, no podría nunca sustraerse a su fascinación. Sin embargo, Mehdi sabía que era necesario un largo ejercicio de paciencia, para que las aguas embravecidas de las pasiones desencadenadas por una Revolución violenta se convirtieran en un lago lleno de vida. Junto a la Humanidad que le aguardaría, con los mártires que habían caído y el silencio que se había soportado por los oprimidos antes, para que triunfaran los que sufrieron. Cuestión, pues, de espera.

RESUMEN

El personaje central es un iraní, nacido en Teherán, que se educó en Estados Unidos por voluntad de su padre, un antiguo embajador irani en La Habana. Al cabo de años de vicisitudes regresa a Teherán, convirtiéndose en un informador sobre la evolución de la política irani. Con este motivo, el autor, que ha pasado en Irán tres largas estancias tiene la oportunidad de desplegar la fascinante historia de 2.500 años de un país que llegó a ser la primera potencia del Asia Central, con un imperio que se extendía desde el Mediterráneo hasta la India. Desde los Aqueménidas, Persia fue un vivero de cultura que creó incluso una religión de la cual aún sobreviven miles de fieles, aunque tengan que soportar continuas persecuciones. Hoy día, pese a la teocracia implantada por Jomeini, una gran parte del pueblo está intensamente influído por la cultura occidental, de tal modo que el libro presenta las razones de la esperanza en un no lejano futuro de entendimiento entre Irán, Europa y Estados Unidos. Desde la religión de Zaratustra hasta los versos inmortales de Omar Khayyam, la aportación iraní a la cultura universal pasa rauda y apasionadamente por estas páginas.